생각을 맡기는 사람들

호모 브레인리스

생각을 맡기는 사람들: 호모 브레인리스

ⓒ 2025. 안광섭 All rights reserved.

1판 1쇄 발행 2025년 9월 18일

지은이 안광섭
펴낸이 장성두
펴낸곳 주식회사 제이펍

출판신고 2009년 11월 10일 제406-2009-000087호
주소 경기도 파주시 회동길 159 3층 / **전화** 070-8201-9010 / **팩스** 02-6280-0405
홈페이지 www.jpub.kr / **투고** submit@jpub.kr / **독자문의** help@jpub.kr / **교재문의** textbook@jpub.kr

소통기획부 김정준, 이상복, 안수정, 박재인, 박새미, 송영화, 김은미, 나준섭, 권유라
소통지원부 민지환, 이승환, 김정미, 박예은 / **디자인부** 이민숙, 최병찬

기획 및 진행 권유라 / **내지 및 표지 디자인** nu:n
용지 에스에이치페이퍼 / **인쇄** 한승문화사 / **제본** 일진제책사

ISBN 979-11-94587-64-4 (03000)
책값은 뒤표지에 있습니다.

※ 이 책은 저작권법에 따라 보호를 받는 저작물이므로 무단 전재와 무단 복제를 금지하며,
   이 책 내용의 전부 또는 일부를 이용하려면 반드시 저작권자와 제이펍의 서면 동의를 받아야 합니다.
※ 잘못된 책은 구입하신 서점에서 바꾸어드립니다.

제이펍은 여러분의 아이디어와 원고를 기다리고 있습니다. 책으로 펴내고자 하는 아이디어나 원고가 있는
분께서는 책의 간단한 개요와 차례, 구성과 지은이/옮긴이 약력 등을 메일(submit@jpub.kr)로 보내주세요.

HOMO
생각을 맡기는 사람들
호모 브레인리스

BRAIN
LESS

AI 시대, 생각하기를 포기한
현대인을 위한 경고

안광섭 지음

Jpub
제이펍

차례

추천의 글	AI 시대, 당신은 구걸자가 될 것인가, 주도자가 될 것인가	6
머리말	정보가 넘쳐나는 시대	9
프롤로그	바이브 코딩에서 시작된 고민	11

왜 '바이브 코딩'이 아니라 'AI 생존 전략'인가
기술이 인간을 대체할까, 보완할까
혼돈 속에서 발견한 생존의 원칙

1부 관점을 재설계하라: 살아남는 소수의 생각법 35

1장	당신은 질문자인가, 구걸자인가	41
2장	완벽주의의 종말, 위대한 실험의 시대	50
3장	튜링의 질문에서 챗GPT까지	57
4장	기계의 상상력: AI 창의성의 세 얼굴	63
5장	정보의 소비자인가, 의미의 생산자인가	72

지금 우리가 던져야 할 가장 중요한 질문

2부 원리를 연마하라: 대체되지 않는 인간 고유의 역량 83

6장	생각의 설계도를 그리는 힘: 구조화	92

AI가 당신의 시스템 1을 유혹하는 방법
생각의 뼈대를 세우는 피라미드
피라미드 원칙으로 만든 실전 프롬프트 템플릿들
AI는 어떻게 인간의 생각을 흉내 내는가
생각의 나무: AI가 브레인스토밍하는 법

　　　　자기 일관성: AI도 검산을 한다
　　　　구조화의 힘: Before & After (최종판)
　　　　또 다른 실전 예시: 비즈니스 문제 해결

7장　**인류 최고 지식에 다다른 인공지능**　　　　　　　　110
8장　**세상에서 가장 똑똑한 바보와 협업하는 법: 비판적 사고**　120
　　　　1단계: 거짓을 걸러내는 '수문장' 되기
　　　　2단계: '좋음'을 판단하는 '편집자' 되기
9장　**소프트웨어의 재정의**　　　　　　　　　　　　　　130
　　　　새로운 시대의 전기, 새로운 시대의 운영체제
　　　　개발자의 진화: 건축가 그리고 지휘자
10장　**맥락과 취향, AI는 흉내 낼 수 없는 마지막 한 조각**　141

3부　나만의 시스템을 구축하라: 도구의 주인이 되는 워크플로　　153

11장　'두 번째 뇌'는 어떻게 생각의 엔진이 되는가　　　162
12장　목표를 달성하는 나만의 AI 협업 사이클 만들기　　172
13장　기술에 올라타되 종속되지 않는 법　　　　　　　185
14장　기술 경쟁의 진화: GPU에서 인재로　　　　　　　199
15장　변하지 않는 본질에 집중하라　　　　　　　　　211
　　　　현명한 기술 활용을 위한 12가지 기준

에필로그　생각의 주인으로 살아가기, 그리고 우리 앞의 미래　226
찾아보기　　　　　　　　　　　　　　　　　　　　　232

추천의 글

AI 시대, 당신은 구걸자가 될 것인가, 주도자가 될 것인가

들쑥날쑥한 톱니처럼 불안정한 AI의 성능을 어떻게 하면 일관되게 활용할 수 있을까요? 저자는 이 책에서 인간 고유의 창의성과 통찰력이라는 '원리'를 연마하여 AI의 한계를 보완하고, 진정한 협업 관계를 구축하는 방법을 제시합니다. 단순히 AI를 도구로 사용하는 차원을 넘어, 인간만의 비판적 사고와 맥락 이해 능력을 바탕으로 AI와 시너지를 창출하는 구체적인 전략을 담았습니다. 특히 각 장 말미에 수록된 성찰적 질문들은 독자 스스로 AI 시대의 자기 역할을 정의하고, 나만의 협업 방식을 설계할 수 있도록 안내합니다. '세상에서 가장 똑똑한 바보'와 어떻게 춤을 출 것인가? 이 책은 AI에 휘둘리지 않고 주도권을 쥐는 미래형 인재가 되기 위한 실질적인 로드맵입니다. AI와의 공존을 넘어 공진화를 꿈꾸는 모든 이에게 일독을 권합니다.

김덕진, IT커뮤니케이션연구소 소장, 《AI 2025 트렌드&활용백과》 저자

AI는 인류 역사상 가장 강력하고도 파괴적인 양날의 검입니다. 한쪽 날은 생산성을 높여준다는 달콤한 착각을 안겨주며 '생각의 외주화'에 우리의 뇌를 길들입니다. 다른 한쪽 날은 당신의 시간을 무한한 도파민의 감옥에 가두는 무기가 됩니다. 하지만 이 검을 제대로 쥘 수만 있다면, 혼자서는 결코 닿을 수 없었던 놀라운 지적 성취를 이루는 가장 위대한 파트너가 되어줄 것입니다. 이 책은 우리를 AI 시대의 강자로 만들어줄 가이드 북입니다.

AI를 지배할 것인가, AI에게 지배당할 것인가. 우리는 그 거대한 갈림길 위에 서 있습니다. 이 책은 당신이 '생각의 주인'으로 거듭나 이 검을 현명하게 다룰 수 있도록 돕는 가장 날카로운 숫돌이자, 가장 단단한 갑옷이 되어줄 것입니다. 변화의 파도 앞에서 길을 잃지 않고자 하는 모든 이에게 이 책을 강력히 추천합니다.

김태용, 이오스튜디오 대표

저자는 단순히 도구 사용법을 아는 사람이 아니라, 도구와 함께 사고하는 방법을 아는 사람입니다. 이 책은 AI가 우리의 사고, 업무 그리고 삶의 방식을 어떻게 변화시키고 있는지를 이해하는 데 도움이 되는 강력한 가이드입니다. 하지만 더 중요한 것은, 이 과정에서 인간다움을 유지한다는 것이 무엇을 의미하는지를 일깨워준다는 점입니다. 저자가 Notion 커뮤니티에서 활동할 때 함께 일한 사람으로서, 그가 Gamma에서 다시 한번 그의 성공이 우연이 아니라는 것을 입증하면서 기술과 일상생활의 접점에 대해 얼마나 깊이 있게 생각하는지를 직접 목격했습니다. 이 책은 그러한 사려 깊음이 고스란히 담긴 결과물이며, AI 시대를 살아가는 모든 이에게 꼭 필요한 필독서입니다.

벤 랭(Ben Lang), 전 Notion Head of Community, 현 Anysphere(Cursor) Builder

AI와 그로 인한 변화는 다가오는 트렌드 수준이 아니라 인간의 삶을 송두리째 바꾸는 것이 되었고 이미 개개인에게 다양한 형태로 나타나고 있습니다. 그 모습은 AI에 대한 단순한 활용뿐 아니라 막연한 두려움, 혹은 극단적 의존으로 나타나고 있기도 합니다. 저자는 앞으로 AI와 어떻게 공존 할 것인지, 그리고 그 공존의 시대에 '인간'은 어떤 관점을 견지해야 할지에 대해 쉽고 선명하게 설명해 주고 있습니다. 피할 수 없게 다가오고 있는 AI의 시대에서 어떻게 살아갈 것인가에 대한 힌트를 얻고 싶으신 분들께 강력히 추천합니다. 이 책은 우리가 강한 인간으로 만들어줄 가이드 북입니다.

AI를 지배할 것인가, AI에게 지배당할 것인가. 우리는 그 거대한 갈림길 위에 서 있습니다. 이 책은 당신이 '생각의 주인'으로 거듭나 이 검을 현명하게 다룰 수 있도록 돕는 가장 날카로운 숫돌이자, 가장 단단한 갑옷이 되어줄 것입니다. 변화의 파도 앞에서 길을 잃지 않고자 하는 모든 이에게 이 책을 강력히 추천합니다.

신윤호, 베이스인베스트먼트 대표

우리는 흔히 자신을 어떤 일을 하는 사람이라며 일로써 정의하고 표현하곤 합니다. 하지만 AI는 지금도 사람만큼 일을 잘하고 있고, 앞으로는 더 탁월하게 뛰어넘겠죠. 나보다 더 뛰어난 존재와 함께 어떻게 살아가야 할까요? 잠시 정신을 놓으면 우리는 주체성을 잃은 채로 AI의 의견을 따라가지 않을까요? 이 책은 AI에 의해 대체되지 않고 확장되는 길에 대해 탐구합니다. 오히려 이 거대한 인공 지성을 지렛대 삼아 더 큰 나로 성장하는 방법을 제시합니다. 대답에 만족하면 성장이 멈춘다는 것을 경고하고 어떻게 나와 AI와의 관계를 어떻게 설정해야 하는지에 대해 들려줍니다. 세상에는 한 번만 읽어도 충분한 책이 있고, 곁에 두고 여러 번 읽을 때마다 새로운 깨달음을 주는 책이 있습니다. AI 관련서들이 범람하는 가운데 여러 번 곱씹으며 읽을 만한 가치가 있는 책이 나와 매우 기쁩니다.

하용호, 데이터 사이언티스트

머리말

정보가 넘쳐나는 시대

정보가 넘쳐나는 시대입니다. 인터넷과 유튜브가 보급되고 인플루언서가 급증하면서 우리는 하루에도 수백, 수천 개의 정보를 접하게 되었습니다. 하지만 아이러니하게도, 대부분의 사람은 이 많은 정보 속에서도 원하는 결과를 얻지 못하고 있습니다. 그 이유가 무엇일까요?

사실 인터넷이나 유튜브의 등장은 역사적으로 특별한 사건이라고 생각하지 않습니다. 인류 역사에서 정보를 교환하는 통신 기술의 발전은 늘 있었습니다. 문자의 발명, 우편제도의 확립, 모스 부호를 이용한 전신기의 등장 그리고 전화의 보급까지, 정보가 빠르고 넓게 퍼지는 환경은 시대마다 계속 진화해 왔습니다. 인터넷이나 유튜브 역시 이러한 정보 교환 수단의 진화에 불과하며, 앞으로의 미래 기술은 더욱 강력하고 효율적인 정보 전달 수단을 만들어낼 것입니다.

그러나 정작 우리가 고민해야 할 것은 따로 있습니다. 진짜와 가짜 정보를 구분하는 인간의 통찰력은 얼마나 발전했을까요? 무수히 많은 정보를 소화하고 올바르게 판단하는 능력은 과연 얼마나 변화했을까요? 인공지능의 발전은 놀랍지만, 이 도구를 통해 부가가치를 창출하는 사람은 극히 소수이며, 대부분은 여전히 흥미 위주로만 사용합니다. 유튜브를 통해 유명해진 사람은 극소수이고, 대부분은 콘텐츠 소비자로서 시간과 관심을 빼앗기기 바쁜 것이 현실입니다.

결국 중요한 것은 정보의 양이 아니라, 잘 정리되고 압축된 정확한 정보입니다. 이 책을 통해 저는 여러분이 정보의 홍수 속에서 자신만의 기준과 통찰력을 키워나가길 바랍니다. 성공은 많은 정보를 얻는 것보다, 자신에게 필요한 정확한 정보를 제대로 판단하고 활용할 때 가능합니다.

마지막으로 이 책을 나올 수 있게 도와준 많은 분에게 감사드립니다. 흔쾌히 추천사를 작성해준 벤 랭(Ben Lang), 신윤호(Karl) 님, 하용호(Henry) 형, 김태용 대표님, 김덕진 작가님께 감사드립니다.

심적으로 저에게 많은 지지와 힘을 준 가족 안규동, 김경주, 안희경과 이 책이 나올 수 있도록 도와준 권유라 편집자님과 장성두 대표님, 감사합니다. 묵묵히 응원을 보내준 배준영, 정성균, 이은별, 강은지, 류정혜, 전진수, 서용석, 이규담, 김태현, 김태원, 차소연, 정재현, 송용주, 이은재 님께 특별히 감사를 보냅니다.

이 책을 읽는 여러분이 정보의 소비자를 넘어 현명한 판단자로 성장하는 데 작게나마 도움이 되길 진심으로 바랍니다. 감사합니다.

안광섭

프롤로그

바이브 코딩에서 시작된 고민

처음 출판 제안을 받았을 때의 주제는 '바이브 코딩(vibe coding)'이었습니다. 이 단어는 어떤 분에게는 생소할 테고, 또 어떤 분에게는 이미 한물간 유행어처럼 느껴질 겁니다. 하지만 이 책의 문을 여는 이 이야기만큼은 '바이브 코딩'이라는, 조금은 가벼워 보이는 이 용어를 통해 아주 흥미롭고 의미 있는 이야기를 나눠보고 싶습니다.

원래 바이브 코딩은 개발자들 사이에서 일종의 자조 섞인 농담처럼 쓰이던 말이었습니다. 체계적인 구조나 팀의 약속된 규칙은 잠시 잊고, 오로지 그 순간의 '감'과 '느낌'에 의존해 코드를 써 내려가는 방식을 뜻했죠. 속된 말로 '네 마음대로 코딩'의 세련된 버전이랄까요? 한번 상상해보시죠. 새로운 프로젝트에 투입된 개발자가 코드를 열었는데, 도무지 어디서부터 손대야 할지 알 수 없는 거대한 스파게티 뭉치를 마주한 상황을요. 사람들은 수군거립니다. "아, 그거 누가 대충 바이브로 만든 거래." 당연히 이런 코드는 유지보수의 재앙이 되었고, 다음 사람에게 거대한 고통을 안겨주는 '기술 부채'의 상징과도 같았습니다.

하지만 모든 판이 뒤집히는 사건이 일어납니다. 시간이 흘러 2025년, AI 분야의 세계적 권위자인 안드레이 카파시(Andrej Karpathy)가 개인 SNS에 올린 글 하나가 이 용어의 운명을 통째로 바꿔놓았습니다. 그는 "스위프트

11

(Swift) 언어는 배워본 적도 없고 iOS 앱 개발 경험도 전무하지만, LLM(대규모 언어 모델)과 대화하며 앱 하나를 뚝딱 만들었다"고 자랑스레 말하며, 이 과정을 '바이브 코딩'이라고 명명했죠. 바로 그 순간, 바이브 코딩은 조롱과 비아냥의 대상에서, 인공지능과 인간의 창의성이 결합된 가장 트렌디한 개발 방식의 대명사로 화려하게 부활했습니다. 도대체 무슨 일이 일어난 걸까요?

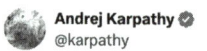

안드레이 카파시의 X 게시물

카파시가 Cursor AI에 iOS 앱을 만드는 법을 알려달라고 하자 코드 에디터 설치법부터 카메라 권한 요청, 문자 인식, 음성 변환에 이르는 모든 과정을 차근차근 알려주었습니다. 마치 능력 있는 선배 개발자가 바로 옆자리에서 족집게 과외를 해주는 것 같았죠. 더 놀라운 건 오류가 발생했을 때였습니다. 카파시는 당황하는 대신 에러 메시지를 그대로 복사해 AI에게 물었습니다. "네가 알려준 대로 했는데 이런 오류가 나. 어떻게 해야 해?" 그러자 AI는 즉시 문제를 진단하고 해결책을 제시했습니다.

가만히 보면, 이 현상은 무척 흥미롭습니다. 저는 이 장면에서 문득 철학자 마르틴 하이데거(Martin Heidegger)가 1954년에 던졌던 질문을 떠올렸습니다. 그는 기술을 바라보는 두 가지 관점을 이야기합니다. 하나는 기술을 '망치 같은 도구'로 보는 것입니다. 필요할 때만 꺼내 쓰는 거죠. 하지만 하이데거는 진짜 위험은 기술이 '안경'이 될 때 시작된다고 경고합니다. 한번 쓰면 세상 모든 것이 그 안경을 통해서만 보이는 것처럼, 기술이 세상을 바라보는 우리의 관점 자체를 바꿔버린다는 겁니다. 모든 것을 자원과 효율로만 보게 만드는 이 기술이라는 안경을 그는 '닦아세움(Gestell)'[1]이라 불렀습니다.

하이데거의 게스텔 일러스트

---

1 마르틴 하이데거(1889~1976)는 20세기 독일 철학자로, 특히 존재와 기술에 관한 심오한 사유로 유명합니다. 그가 제시한 '닦아세움(Gestell)'은 독일어로 틀, 뼈대를 의미하는데, 하이데거는 이 개념을 통해 현대 기술 사회가 모든 사물을 '효율적 사용'과 '자원'으로만 바라보게 만드는 사고방식을 비판했습니다. 즉, 자연과 인간, 모든 존재가 기술에 의해 동원 가능한 자원으로만 여겨지는 현상을 지적한 것입니다. 하이데거는 이러한 사고방식이 우리 삶과 세계관에 심각한 위험을 초래할 수 있다고 경고하며, 기술을 단순한 '도구'가 아니라 우리의 세계관을 변화시키는 근본적인 힘으로 보아야 한다고 주장했습니다.

그런데 카파시의 바이브 코딩에서 묘한 역설이 발견됩니다. 그는 AI를 '코드를 빨리 짜주는 효율적인 자원'으로만 취급하지 않았습니다. 오히려 자신의 창의적 아이디어를 실현하는 '대화 상대'이자 '지적 파트너'로 삼았죠. 시각장애인을 위한 앱이라는 따뜻한 아이디어에서 출발해 AI와 함께 문제를 풀어가는 과정 전체가 하나의 위대한 협업이었던 겁니다.

자, 그럼 이런 생각이 드실 겁니다. "그래서 어쩌라고? 나는 개발자도 아닌데 이게 다 무슨 소용이야?"

하지만 잠깐만요. 바이브 코딩의 본질은 '코딩'이 아닙니다. 진짜 핵심은 내가 상상하는 것을 AI와 대화하며 현실로 만들어내는 능력입니다. 가령 당신이 작은 카페를 운영하며 '우리 가게 메뉴를 설명해주는 친절한 챗봇이 있으면 좋겠다'고 상상했다고 해보죠. 예전엔 그냥 스쳐 지나갈 아이디어였지만, 이제는 AI에게 이렇게 말해볼 수 있습니다.

"우리 카페는 원두를 직접 로스팅하고, 음식 메뉴에 비건 옵션이 많다는 게 특징이야. 이러한 특징들을 잘 살려서 고객에게 친근하게 설명하는 챗봇을 만들고 싶어. 어떻게 시작하면 될까?"

물론 처음에는 서툴고 오류도 나겠죠. 하지만 그것조차 AI에게 다시 물어보면 됩니다. 저는 실제로 독서 모임 관리 시스템을 이런 식으로 두어 시간 만에 뚝딱 만들어봤습니다. 제가 상상했던 것이 화면에서 실제로 작동하는 모습을 보는 순간의 짜릿함은 정말 잊을 수가 없더군요.

사실 AI가 개발 환경을 바꾸고 있다는 건 더 이상 새로운 소식이 아니었습니다. 마이크로소프트의 깃허브 코파일럿(GitHub Copilot)[2]이나 데빈

---

[2] 깃허브(GitHub)와 오픈AI(OpenAI)가 협력해 만든 AI 기반의 자동 코드 작성 도구입니다.
https://github.com/features/copilot/

(Devin)[3] 같은 혁신적인 툴들이 이미 생산성을 극적으로 끌어올리고 있었죠. 하지만 그들은 굳이 '바이브 코딩' 같은 가벼운 용어를 쓰지 않았습니다. 당연하죠. 기술의 진지함을 팔아야 하는 기업 입장에서 이런 농담 같은 유행어는 마케팅에 방해가 될 테니까요.

그렇다면 왜 유독 '바이브 코딩'이라는 단어가 사람들의 마음을 사로잡았을까요? 저는 이 지점에서 책의 본질적인 역할에 대해 고민하기 시작했습니다. 단순히 정보를 나열하는 것을 넘어, 한 사람의 철학을 담아 시대를 관통하는 통찰을 던져줄 수 있어야 한다고 생각했습니다. 그래서 이 가벼운 유행어에 담긴 더 무거운 질문, 더 큰 가능성을 파고들기로 마음먹었죠.

결론부터 말하자면, 바이브 코딩은 단순히 'AI로 코딩하기'를 뜻하는 말이 아닙니다. 그것은 훨씬 더 거대한 질문, 바로 인공지능 시대의 생존 전략에 대한 상징입니다. 기술이 인간의 전문성을 순식간에 대체하고 지식의 경계가 허물어지는 이 거대한 변화 앞에서, 우리가 어떻게 가치를 창출해야 하는가에 대한 화두인 셈이죠.

이제 개발자는 정해진 문법에 맞춰 코드를 입력하는 '타이피스트(typist)'가 아닙니다. AI라는 강력한 부사수를 두고, 창의적인 방향을 제시하고 결과물을 조율하는 '크리에이터'이자 '오케스트라 지휘자'로 거듭나야 합니다. 그리고 이건 비단 개발자만의 이야기가 아닐 겁니다. 모든 직업에서 '바이브 워킹(vibe working)'이 일어나고 있는 거죠. 바이브 워킹은 제가 지어낸 말입니다만, 앞으로 이런 식의 용어들은 계속 나올 겁니다. 프롬프트 엔지니어링

---

3   코딩 작업의 전반적인 프로세스를 지원하는 AI 기반의 가상 소프트웨어 엔지니어(virtual software engineer)입니다. 코파일럿이 주로 코드 작성을 지원한다면, 데빈은 단순히 코드 작성만이 아니라 소프트웨어 개발 전 과정(요구사항 분석, 설계, 개발, 테스트, 디버깅, 배포 등)을 이해하고 지원합니다. https://devin.ai/

(prompt engineering)처럼 새로운 용어는 계속 나올 겁니다. 예를 들어, 나중에는 맥락이 중요하다며 '콘텍스트 엔지니어링'이, 토큰 단위나 메트릭 조정이 중요하다며 '매크로 엔지니어링' 같은 단어가 등장할 수 있습니다. 우리가 기억할 것은 이런 단어들에 흥미를 둘 수는 있지만 단어에 빠지면 안 된다는 것입니다.

이 책은 바로 그 거대한 변화의 파도 속에서 여러분이 길을 잃지 않도록 돕는 나침반이 되고자 합니다. AI라는 강력하지만 때로는 두려운 도구를 현명하게 활용하여, 정보의 소비자를 넘어 진정으로 의미 있는 가치를 창조하는 생산자가 되는 길을 안내하고 싶습니다. 저는 이 책에 담긴 이야기들이 여러분의 삶과 일에 깊은 울림과 실질적인 영감을 주는 멋진 여정이 되리라 자신합니다.

자, 그럼 이제 진짜 이야기를 시작해볼까요?

왜 '바이브 코딩'이 아니라 'AI 생존 전략'인가

'바이브 코딩'이 뭐냐고 물으신다면, 사실 개념 자체는 아주 간단합니다. 결국 인공지능이라는 막강한 도구를 빌려와 프로그래밍의 생산성을 그야말로 폭발시키는 것이죠. 한번 생각해보시죠. 최신 언어 모델은 인간이 평생을 바쳐도 다 못 볼 수조 개의 매개변수를 이미 뇌 속에 탑재했습니다. 우리는 그저 평소 쓰는 우리말로 "이런 기능을 하는 화면을 만들어줘"라고 툭 던지기만 하면 됩니다. 그러면 모델은 우리의 의도와 맥락을 찰떡같이 알아듣고 꽤 그럴듯한 결과물을 내놓습니다.

심지어 오류가 발생해도 전혀 당황할 필요가 없습니다. 복잡한 에러 메시지를 그대로 복사해서 다시 대화창에 붙여 넣고 "네가 알려준 대로 했는데 이런 오류가 나. 어떻게 해야 해?"라고 물으면, 마법처럼 해결책을 제시해주니까요. 얼핏 보기엔 정말이지 완벽하고 이상적인 개발 환경이 눈앞에 펼쳐진 것만 같습니다.

하지만, 세상에 공짜 점심은 없다고 하잖아요? 이 눈부신 편리함의 뒷면에는 서늘하고 불안한 그림자가 숨어 있습니다. 문득 어릴 적 봤던 만화 한 편이 떠오릅니다. 주인공의 소원을 무엇이든 들어주는 요정이 등장하는 이야기였죠. 주인공은 처음엔 신나서 이것저것 소원을 빌어 원하는 것을 모두 얻었지만, 나중에야 그 모든 소원이 실은 누군가의 희생과 눈물을 대가로 이루어졌다는 끔찍한 진실을 마주하고는 공포와 죄책감에 휩싸입니다. 가령, "나를 부자로 만들어줘!"라고 말하면 누군가의 재산을 빼앗아 주인공에게 주는 방식이었던 거죠.

지금의 인공지능이 딱 그 요정과 닮아 있습니다. 사용자의 요구에만 너무 충실한 나머지, 우리가 미처 생각지 못했던 윤리적, 기술적, 혹은 사회적 문제를 아무렇지 않게 만들어내기도 합니다. 그래서 개발자들 사이에서는 "바이브 코딩으로 5분 만에 짠 코드를 디버깅[4]하는 데는 5일이 걸린다"는 웃지 못할 농담이 진지하게 오가고 있는 겁니다. 잠깐의 편리함에 취해 생각의 근육을 소홀히 한 대가가 더 큰 재앙으로 돌아올 수 있다는 서늘한 경고인 셈입니다.

---

4   컴퓨터 프로그램에서 발생하는 오류(버그)를 찾아내고 수정하는 과정을 말합니다. 프로그램이 의도대로 동작하지 않거나 비정상적으로 종료될 때, 개발자는 프로그램 내부를 꼼꼼히 살펴보며 문제가 되는 부분을 찾아 고치게 됩니다.

바이브 코딩을 하려다 바이브 디버깅을 하게 되는 흔한 풍경

물론 이렇게 반문하실 수도 있습니다. "기술이 발전하면 자연스레 해결될 문제 아닌가요? 우리가 스마트폰의 작동 원리를 전부 이해하고 쓰나요? 책을 읽을 때도 인쇄나 제본 과정을 알 필요는 없잖아요." 맞습니다. 사용자에게 중요한 것은 결국 '그래서 이게 제대로 작동하는가', '내가 원하는 결과를 주는가'이죠.

이처럼 AI가 던져주는 답을 비판 없이 수용하는 태도는, 단순히 기술적 문제를 넘어 우리 사회 전반의 판단력을 흐리는 더 큰 문제로 이어집니다.

바로 이 지점에서 우리는 또 다른 함정을 마주하게 됩니다. 마치 세상에 수많은 감자 품종이 있는데도, "이 감자튀김에는 반드시 특정 지역의 A감자만 써야 최고의 맛이 난다!"라고 고집하는 셰프처럼, 현재의 인공지능 교육과 마케팅은 특정 도구만을 지나치게 신격화하고 강요하는 경향이 있습니다. 이것은 학생들에게 수많은 참고서와 공부법이 있음에도 불구하고 "오직 이 문제집만이 너를 서울대로 보내줄 것"이라고 외치는 것과 다를 게 뭘까요?

이런 현상은 제가 지난 몇 년간 지켜본 인공지능 교육 시장의 모습과 놀랍도록 겹쳐 보입니다. 옛날 약장수들은 효과도 없는 뱀 기름[5]을 만병통치약이라며 사람들에게 팔고 다녔습니다. 판매가 끝나면 다음 마을로 떠나면 그만이었죠. 중요한 것은 그들이 사람들의 절박함과 무지를 이용해 이익을 챙겼다는 사실입니다. 오늘날 소위 'AI 전문가'를 자처하는 사람들의 행태도 이와 크게 다르지 않습니다. 특정 도구나 방법론을 유일한 정답인 양 포장해서 팔고, 얼마 지나지 않아 '그건 이제 구시대적 방식'이라며 또 다른 새로운 것을 들고 나타나죠. 이것은 학습자의 성장을 돕는 진정한 교육이라기보다, 유행을 좇아 자신의 이익을 우선시하는 지식 상품 판매에 가까워 보입니다.

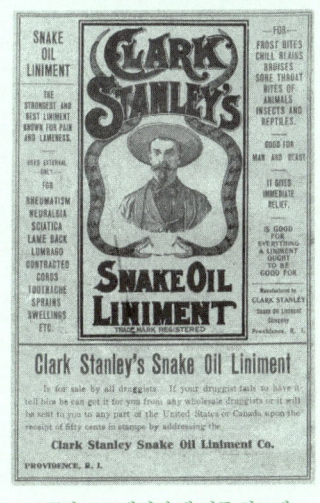

클라크 스탠리의 뱀 기름 치료제

---

5 '뱀 기름'은 효과 없는 만병통치약을 일컫습니다. 유럽과 미국의 약장수들은 마을마다 돌며 이를 비싸게 팔고 떠나버렸고, 그 결과 영어권에서 'snake oil salesman'은 믿을 수 없는 주장을 하는 사기꾼을 의미하게 되었습니다.

최근 유행처럼 번진 '프롬프트 엔지니어링'이라는 개념도 마찬가지입니다. 그 본질은 결국 '질문을 잘하는 기술', 즉 생각을 명료하게 구조화하고 핵심을 짚어내는 능력에 대한 이야기인데, 마치 특정 프레임워크나 툴을 써야만 대단한 결과가 나오는 것처럼 과장되고 있습니다. 도구와 매체가 달라졌을 뿐, 문제의 본질을 꿰뚫고 올바른 질문을 던져야 하는 우리의 과제는 조금도 변하지 않았습니다.

프롬프트란, 결국 인공지능 모델과 대화하는 방법입니다. 그리고 '프롬프트 엔지니어링'은 이 대화를 얼마나 잘 설계하느냐의 문제죠. 쉽게 비유하면, 지능이 높고 맥락을 잘 이해하는 사람에게는 대충 말해도 찰떡같이 알아듣지만, 상대방의 이해력이 부족하면 훨씬 더 구체적이고 친절하게 설명해야 하는 것과 비슷합니다. 마찬가지로 인공지능 모델의 성능이 낮을수록 우리는 더 구체적이고 정교한 프롬프트를 제공해야 합니다. 때로는 아예 원하는 행동을 정해진 템플릿 형태로 입력하기도 합니다.

하지만 시중에서 판매되는 프롬프트나 각종 프롬프트 엔지니어링 방법론의 문제는 바로 이 지점에 있습니다. PIDA니 SMART니 하는 다양한 방법론이 난무하지만, 결국은 문장을 좀 더 조리 있게 꾸미거나, 특정 역할극을 하게 하거나, 혹은 출력 결과를 특정 형식으로 통제하는 데 지나지 않습니다. 이것은 본질적인 프롬프트 엔지니어링이라기보다는 마치 말을 잘하는 방법이나 연기 수업 같은 기교적 수준에 불과합니다.

예를 들어, 많은 사람들이 찬사를 보내는 클로드(Claude), 젠스파크(GenSpark), 커서(Cursor), 감마(Gamma) 같은 수백억 달러의 가치가 있거나 이미 수천만 사용자를 확보한 서비스들의 시스템 프롬프트[6]를 살펴보면 어떨까요? 강조할 단어는 대문자로 표기하고, 특정한 양식이나 규칙을 강제하여 입력하도록 유도하는 정도로 사용됩니다.

> **클로드의 시스템 프롬프트** Sonnet 4(https://docs.anthropic.com/en/release-notes/system-prompts)

The assistant is Claude, created by Anthropic.

The current date is {{currentDateTime}}

Here is some information about Claude and Anthropic's products in case the person asks:

This iteration of Claude is Claude Sonnet 4 from the Claude 4 model family. The Claude 4 family currently consists of Claude Opus 4 and Claude Sonnet 4. Claude Sonnet 4 is a smart, efficient model for everyday use.

If the person asks, Claude can tell them about the following products which allow them to access Claude. Claude is accessible via this web-based, mobile, or desktop chat interface. Claude is accessible via an API. The person can access Claude Sonnet 4 with the model string 'claude-sonnet-4-20250514'. Claude is accessible via 'Claude Code', which is an agentic command line tool available in research preview. 'Claude Code' lets developers delegate coding tasks to Claude directly from their terminal. More information can be found on Anthropic's blog.

There are no other Anthropic products. Claude can provide the information here if asked, but does not know any other details about Claude models, or Anthropic's

---

6 **시스템 프롬프트(system prompt)**란 인공지능 모델이 작업을 수행할 때 기준이 되는 기본 지시사항을 의미합니다. 쉽게 말해 인공지능에게 "너는 이런 역할을 수행하고, 이런 식으로 답변해야 한다"고 미리 설정해주는 가이드라인 같은 것이죠. 예를 들어, AI를 '수학 선생님' 역할로 설정하면 수학 문제에 대해서만 답변하도록 유도할 수 있고, '친절한 상담사' 역할로 설정하면 보다 따뜻하고 위로하는 어조로 답변하도록 만들 수 있습니다. 시스템 프롬프트는 주로 사용자의 프롬프트와 별도로 설정되어 AI 모델의 전체적인 답변 방향이나 스타일을 정하는 데 사용됩니다.

> products. Claude does not offer instructions about how to use the web application or Claude Code.
> ...

　결국 프롬프트 엔지니어링이란 '사용자의 의도대로 인공지능이 잘 작동하도록 프롬프트를 설계하는 것' 정도로 정의할 수 있습니다. 그 이상의 거창한 의미를 부여하려고 하면, 오히려 거품이 생겨나고 괜히 피곤하고 어렵게 느껴질 뿐입니다. 실제로 인공지능 모델은 시간이 지날수록 더욱 똑똑해지고 있으며, 사용자의 의도와 맥락을 더 깊이 이해하게 됩니다. 결국 자연스러운 고맥락 대화가 가능해지는 미래가 곧 올 것입니다. 그러니 프롬프트 엔지니어링이라는 개념 자체를 과도하게 복잡하거나 어렵게 생각할 필요는 없습니다.

　그래서 이 책은 단순히 반짝이는 최신 AI 도구 몇 개를 소개하는 사용 설명서가 되기를 거부합니다. 오히려 정보 과포화 시대, 약장수들의 감언이설 속에서 여러분 스스로 진짜와 가짜를 판별해내는 '리트머스 시험지'를 쥐여드리고자 합니다. 어떻게 해야 올바른 질문을 던질 수 있는지, 어떻게 해야 도구의 노예가 아닌 현명한 주인이 될 수 있는지를 함께 고민할 겁니다.

　결국 가장 중요한 것은 '균형 잡힌 시각'입니다. 특정 도구나 제품을 맹목적으로 신봉하거나, 반대로 정체 모를 불안감에 애써 외면하는 대신, 다양한 도구들의 장단점을 객관적으로 파악하고 내 목적에 맞게 활용하는 지혜가 필요합니다. 이 책이 독자 여러분에게 그런 든든한 지혜를 선물하고, 맹목적인 정보 소비에서 벗어나 한 단계 더 성장하는 현명한 선택을 하도록 돕는 안내자가 되어줄 것입니다.

기술이 인간을 대체할까, 보완할까

아마 인류 역사상 가장 오래되고, 또 가장 지겨운 질문 중 하나일 겁니다. "기술이 인간을 대체할까, 보완할까?" 이 질문은 마치 하나의 동전을 두고 앞면만 보는 사람과 뒷면만 보는 사람이 각자 다른 주장을 하는 것과 같습니다. 어느 한쪽만 틀렸다고 말하기 어려운, 관점의 문제에 가깝기 때문이죠.

결론부터 말씀드려볼까요? 제 생각은 이렇습니다. 미시적으로 보면 기술은 무자비하게 인간을 대체합니다. 하지만 거시적으로 보면, 결국 인간을 보완하며 우리의 삶을 확장시키죠.

이런 일은 인류 역사상 처음 일어난 일은 아닙니다. 1811년부터 시작된 '러다이트 운동(Luddite movement)'입니다. 방직 기계가 대량 보급되면서 평생 실을 잣고 옷감을 짜던 수공업자들이 하루아침에 일자리를 잃게 되자, 그들은 분노에 차 공장을 습격해 기계를 부수고 불을 질렀습니다. 그들은 기술 자체를 증오한 게 아니었습니다. 그 기술이 너무나 빠르고, 너무나 무자비하게 자신들의 삶을 파괴했기 때문이죠.

영국 정부는 이들을 '문명의 발전을 가로막는 무지한 폭도'로 규정하고 군대를 동원해 진압했습니다. 심지어 '기계를 파괴하는 행위'에 대해 사형에 처하는 법안까지 통과시켰습니다. 러다이트들은 알고 있었을 겁니다. 거대한 기술의 흐름을 맨몸으로 막을 수 없다는 것을요. 하지만 동시에 그 기술이 '오늘 당장 내 자리를 빼앗아갈 것'이라는 절망감 또한 온몸으로 느끼고 있었던 겁니다.

보통 사람들은 기술이 인간을 대체한다고 하면, 공장 조립 라인에서 로봇

팔이 인간 노동자를 밀어내는 거대한 장면을 떠올립니다. 하지만 요즘의 대체는 훨씬 더 조용하고, 은근하게, 그리고 서늘하게 일어납니다.

제가 어릴 적 다니던 동네 독서실에는 총무라는 아르바이트 자리가 있었습니다. 출입하는 학생들을 관리하고, 빈자리를 안내하고, 가끔 쌓인 쓰레기를 비우는 그런 일이었죠. 최저시급도 안 되는 약간의 사례비에 더해 '자습 시간'을 제공하는, 사실은 학생과 노동자의 경계에 있는 좀 애매한 자리였습니다.

그런데 최근에 생긴 스터디카페에 가보니, 그 많던 총무들은 온데간데없이 사라졌더군요. 입구에는 차가운 키오스크가 있고, 천장의 CCTV가 사람들을 감시하고, 스마트폰 앱이 출입과 좌석 배정을 모두 처리하고 있었습니다. 이렇게 많은 일자리가 사라졌는데도, 아무도 러다이트처럼 저항하거나 법안을 만들자고 외치지 않았습니다. 왜일까요? 그 일자리가 사회적으로 '강한' 목소리를 낼 만큼 중요하지 않았기 때문입니다. 사회 전체가 암묵적으로 '그 정도 일은 이제 기계가 해도 된다'라고 합의해버린 셈이죠.

기술이 우리의 자리를 빼앗는 방식은 때로 이렇게 조용합니다. 비명 한 번 지를 틈도 없이, 별다른 사회적 논의를 거치지도 않고 그저 자연스러운 효율화라는 이름 아래 스며드는 겁니다.

그렇다고 기술이 인간을 몰아내기만 하는 악당이냐? 그건 절대 아닙니다. 시점을 조금만 더 길게, 더 넓게 가져가보면 기술은 결국 인간의 삶을 상상하지 못했던 영역까지 확장시켜왔습니다.

스마트폰 하나만 봐도 그렇지 않나요? 2010년, 아이폰 3GS가 한국에 본격 상륙하면서 세상이 뒤집혔죠. 불과 15년 전만 해도 우리는 휴대폰으로 인터넷 버튼을 잘못 누르면 '요금 폭탄'이 터질까 봐 전전긍긍했고, 노트북은 벽돌처럼 무거웠으며, 와이파이는 스타벅스에나 가야 쓸 수 있는 귀한 것이었습니다.

그런데 지금은 어떻습니까? 우리 손바닥에 들린 이 작은 기기 하나가, 90년대 슈퍼컴퓨터보다 강력한 성능을 내고 있습니다. 심지어 이 책에서 다루는 거대 AI 모델조차 스마트폰 안에서 실행되는 시대가 됐습니다. 이 기술이 과연 인간을 '대체'했다고 말할 수 있을까요? 아니요, 이 강력한 도구 덕분에 우리는 더 많은 일을, 더 편리하게, 더 잘 해낼 수 있게 된 것입니다.

그렇다면 질문은 명확해집니다. 이 강력한 도구를 어떻게 해야 '잘' 활용할 수 있을까요?

제가 이럴 때 자주 드는 예가 하나 있습니다. "지금 당장 액자를 벽에 걸고 싶은데, 집에 망치가 없다면 어떻게 하시겠어요?"

어떤 사람은 망치가 없다고 포기하지만, 어떤 사람은 주변의 단단한 책이나 돌멩이를 찾아내 못을 두드리기 시작합니다. 후자는 알고 있기 때문입니다. 중요한 것은 '망치'라는 특정 도구가 아니라, '단단한 물체로 빠르게 내리친다'는 원리라는 것을요.

기술도 똑같습니다. 단순히 '챗GPT 사용법', '미드저니 명령어'처럼 특정 도구의 사용법만 외우는 것은 망치질만 배운 것과 같습니다. 그런 사람은 '전동 드릴'이나 '레이저 타공기'라는 새로운 도구가 나타나면 속수무책으로 뒤처질 것입니다. 하지만 '벽에 구멍을 뚫는다'는 원리를 아는 사람은 어떤 새로운 도구가 등장하든 두려워하지 않고 금세 자기 것으로 만듭니다.

따라서 기술을 잘 활용한다는 것은, 특정 도구의 사용법을 외우는 것이 아니라, '왜 이 도구가 이렇게 작동하는가'라는 근본 원리를 이해하는 것입니다.

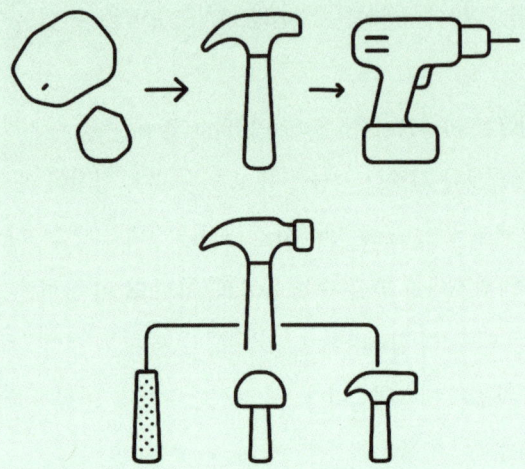

돌에서 망치, 망치에서 드릴로 기술의 발전은 계속되었고,
각각의 도구도 그 도구 안에서는 또 다른 개선과 발전이 있었다.

"기술이 인간을 대체할까?" 이 질문은 어쩌면 너무 많이 소비되어 오히려 본질을 흐리는 프레임일지도 모릅니다. 많은 회사에서 연말 종무식 때마다 대표이사가 외치는 "지금은 비상 경영 체제입니다! 우리는 심각한 위기에 봉착했습니다!"라는 말처럼 말이죠. 영업이익이 사상 최대를 기록해도 위기, 시장이 성장해도 위기입니다. 사실 그 '위기'라는 말은 진짜 위협에 대한 분석이라기보다는, 조직의 군기를 잡기 위한 동기부여용 구호에 가까울 때가 많습니다.

AI, 자동화, 로봇… 이 모든 변화가 거대한 위협처럼 느껴지지만, 가만히 돌이켜보면 인류는 늘 그 위기를 기회로 전환해온 놀라운 존재였습니다. 기술은 결국 도구일 뿐입니다. 그리고 도구는 우리 손에 어떻게 들려 있느냐에 따라 그 가치와 의미가 결정됩니다.

우리는 무엇을 두려워할지 고민하는 대신, 이제 어떻게 쓸지를 고민해야 할 시간입니다. 진짜 질문은 이것이어야 합니다. "나는 이 새로운 도구로 무엇을 할 것인가?"

최근 인공지능 시장에는 흥미로운 현상이 있었습니다. 스스로를 '프롬프트 엔지니어'라 칭하는 전문가들이 대거 등장하며, 마치 연금술의 비밀 공식처럼 AI를 다루는 특정 방법론과 템플릿을 판매하기 시작했죠. 그들의 주장은 간단했습니다. 정해진 규칙과 역할극을 통해 AI로부터 최상의 결과를 뽑아낼 수 있다는 것이었습니다. 하지만 GPT-5가 등장하자 이 시장은 거센 파도에 휩쓸렸습니다. 과거의 '마법 주문'들이 더 이상 통하지 않자, 이들은 입을 모아 "기술이 후퇴했다", "성능이 오히려 나빠졌다"는 악평을 쏟아내기 시작했습니다. 이는 마치 얕은 개울에서 낚시하던 기술만 연마한 어부가 갑자기 망망대해를 마주하고는, 바다가 잘못되었다고 탓하는 것과 같은 형국이었습니다.

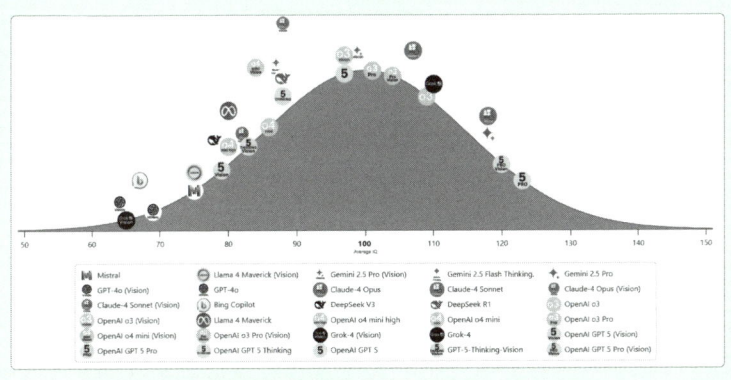

AI 모델 IQ 테스트(출처: https://trackingai.org/)

이러한 혼란의 본질은 기술의 후퇴가 아니라, 오히려 압도적인 진화에 있습니다. GPT-5는 단순히 더 나은 문장 생성기를 목표로 만들어진 모델이 아닙니다. 복잡한 분석, 코드 설계, 자율적인 도구 사용 등 스스로 생각하고 문제를 해결하는 '추론 엔진'으로 설계되었습니다. 따라서 이제 AI와의 협업은 단편적인 명령을 내리는 '지시'의 관계가 아니라, 문제의 본질부터 해결 과정까지 구조화된 청사진을 공유하는 '설계'의 관계로 전환되었습니다. 이제 우리는 AI에게 '벽돌 한 장'을 가져오라 시키는 것이 아니라, 성당의 설계도를 건네주며 함께 건축하는 '건축가'이자 '지휘자'가 되어야 하는 것입니다.

결국 '프롬프트 엔지니어링'이라는 이름으로 팔리던 수많은 기교와 템플릿들은, 기술의 유년기에 잠시 피었다 사라지는 신기루였음이 증명된 셈입니다. 아이러니하게도, 모델의 제작사들은 새로운 사용법을 친절한 가이드북 (https://cookbook.openai.com/) 형태로 제공하고 있지만, 이 '새로운 지도'를 읽기 위해서는 그들이 그토록 피하고자 했던, 깊이 있는 사고와 분석 능력이 필요합니다. 기술의 본질을 외면하고 손쉬운 비법만을 팔던 이들이 무너지는 것은, 어쩌면 필연적인 수순일지 모릅니다. 이는 우리에게 중요한 교훈을 남깁니다. 진짜 생존 전략은 반짝이는 기술을 좇는 것이 아니라, 변하지 않는 사유의 힘을 단련하는 것임을 말입니다.

혼돈 속에서 발견한 생존의 원칙

이런 거대한 혼돈 속에서 길을 잃지 않을 단 하나의 원칙을 발견하려면, 우리는 시간을 아주 까마득히 되돌려볼 필요가 있습니다. 무대는 고대 그리스, 철학의 황금기입니다. 위대한 스승 플라톤과 그의 총명한 제자 아리스토텔레스가 등장하죠. 플라톤의 저서 《파이드

로스(Phaedrus)》[7]에는 두 사람의 흥미로운 대화가 기록되어 있습니다.

아리스토텔레스는 '문자'라는 경이로운 신기술을 두고 스승에게 들뜬 목소리로 말합니다. "스승님, 이제 문자가 있으니 사람들은 더 많은 것을 기록하고 공유하며, 이전보다 훨씬 더 현명하고 풍요로워지겠죠?" 하지만 스승 플라톤의 대답은 뜻밖에도 차가웠습니다. 그는 오히려 문자의 발명이 인간의 정신을 파괴할 것이라 경고합니다. 문자에 의존하게 된 사람들은 더 이상 스스로의 힘으로 기억하려 애쓰지 않을 것이며, 그저 기록된 것을 보고 아는 척하게 될 뿐이라는 겁니다. 결국 스스로의 머리로 사유해서 얻은 '지혜'가 아니라, 남의 생각을 빌려온 '지식의 착각'에 빠져 진정한 앎에 도달하지 못할 것이라고요. 정말 놀랍지 않나요? 인류 지성사의 가장 위대한 인물조차 새로운 정보 기술 앞에서 두려움을 느꼈던 겁니다.

이 기묘한 우려는 역사 속에서 놀라울 만큼 정확하게 반복됩니다. 시계의 태엽을 감아 중세 유럽으로 가보시죠. 세상의 중심은 가톨릭 교회였고, 신의 말씀인 성경은 양피지에 한 자 한 자 필사한, 지극히 귀하고 비싼 물건이었습니다. 당시 기록을 보면, 성경 한 권의 가격이 평범한 농노가 평생 일궈온 집 한 채 값과 맞먹었다고 합니다.[8] 정보가 극소수 성직자에게 독점되던 시대였죠.

그런데 15세기 중반, 구텐베르크가 금속 활자 인쇄술을 발명하면서 모든 것이 뒤바뀝니다. 성경이 폭발적으로 보급되기 시작한 겁니다. 더 이상 사제의 해석에만 의존할 필요가 없어진 사람들은 난생 처음 자신의 눈으로 직

---

7 《플라톤전집 Ⅱ》(숲, 2019)

8 《A Distant Mirror: The Calamitous 14th Century》(Random House Publishing Group, 1987)

접 신의 말씀을 읽고, 생각하고, 토론하기 시작했습니다. 이 거대한 정보 혁명은 결국 종교 개혁의 불씨가 되었고, 유럽 사회 전체를 뿌리부터 뒤흔들었습니다.[9]

하지만 바로 그 시대에도 회의론자들은 존재했습니다. 프랑스의 위대한 사상가 몽테뉴는 책이 넘쳐나는 세태를 보며 이렇게 한탄했죠. 이제 사람들은 타인과 직접 대화하고 토론하며 지혜를 얻는 대신, 책 속에 고립되어 잘못된 정보의 홍수 속에서 정신적으로 병들어갈 것이라고요.[10] 오늘날 우리가 스마트폰과 소셜미디어를 보며 하는 걱정과 소름 돋게 닮아있지 않나요? 그 시대 사람들에게 '책'은 축복이자 동시에 새로운 형태의 위협이었던 셈입니다.

자, 이제 우리에게 조금 더 가까운 시대로 와봅시다. 1990년대에 '유비쿼터스(Ubiquitous)'[11]라는 근사한 개념이 등장합니다. '모든 사물이 네트워크로 연결되어, 사용자가 언제 어디서든 컴퓨터 자원을 활용할 수 있는 미래'를 약속했죠. 사람들은 반신반의했습니다. 이 개념은 이후 사물인터넷(IoT)으로 구체화되었고, 마침내 우리 손의 스마트폰과 집 안의 스마트홈 기기라는 형태로 완벽하게 실현되었습니다. 그 과정에서도 사생활 침해나 기술 의존성에 대한 우려는 늘 있었지만, 결국 인류는 이 편리함을 자연스럽게 받아들였습니다.

그리고 지금, 우리는 또다시 거대한 기술적 변혁의 한복판에 서 있습니다. 바로 인공지능의 시대입니다. GPT-o3, 제미나이(Gemini), 클로드와 같은

---

9 《근대 유럽의 인쇄 미디어 혁명》(커뮤니케이션북스, 2008)

10 《몽테뉴 수상록》(동서문화사, 2007)

11 M. Weiser, The Computer for the 21st Century. *Scientific American*, 265 (3): 94-105, 1991. https://www.lri.fr/~mbl/Stanford/CS477/papers/Weiser-SciAm.pdf

강력한 언어 모델이 쉴 새 없이 쏟아져 나옵니다. 그러자 사람들은 인공지능을 더 잘 쓰기 위해 '프롬프트 엔지니어링'이라는 것을 반드시 배워야 한다고 목소리를 높입니다.

하지만 여기서 우리가 봐야 할 것은 반짝이는 기술 용어가 아니라, 그 너머에 있는 본질적인 능력입니다. 내가 진짜 원하는 것이 무엇인지 명확하게 정의하고, 그것을 얻기 위한 과정을 논리적으로 설계하며, AI라는 도구에게 명료한 언어로 전달할 수 있는 능력 말입니다.

사실 이 능력은 전혀 새로운 것이 아닙니다. 고대 중국의 제자백가가 논리를 펼치던 수사학, 고대 그리스의 소피스트[12]들이 가르치던 변론술의 핵심과 정확히 같습니다. 명확하게 질문하고, 생각을 구조적으로 표현하며, 오해 없이 소통하는 기술. 단지 21세기의 새로운 도구에 맞춰 '프롬프트 엔지니어링'이라는 새로운 이름표가 붙었을 뿐, 그 알맹이는 수천 년 전부터 인류가 탐구해온 지혜와 정확히 맞닿아 있습니다.

결국, 혼돈과 변화의 시대에서 살아남는 원칙은 놀라울 만큼 단순하고 명확합니다. 새로운 기술의 이름이나 유행하는 용어에 현혹되는 대신, 내가 이미 알고 있는 가장 본질적인 역량을 굳게 믿고, 이를 새로운 도구와 환경에 맞게 유연하게 활용하는 지혜, 바로 그것입니다.

역사 속에서 반복되는 기술적 충격과 사회적 혼란 속에서도, 이 명확한 원칙을 꿰뚫어 보는 자만이 진정한 의미에서 생존하고 번영해 왔습니다. 바로 이 지점에서 우리는 갈림길에 섭니다. 카파시의 바이브 코딩은 인류가 오랫

---

12 소피스트는 고대 그리스에서 수사학과 논증술을 가르치며 보수를 받았던 직업적 교사들로, 절대적 진리보다는 설득력 있는 논변을 중시했습니다. 플라톤 등에 의해 궤변론자로 비판받았지만, 실제로는 상대주의적 사고와 비판적 사유를 발전시킨 중요한 사상가들이었습니다.

동안 꿈꿔온 인공지능과의 위대한 협업이 시작되었음을 알리는 축포와 같습니다. 인간의 창의적 아이디어를 AI라는 강력한 도구가 즉시 현실로 만들어주는, 그야말로 지적 파트너십의 시대가 열린 것이죠.

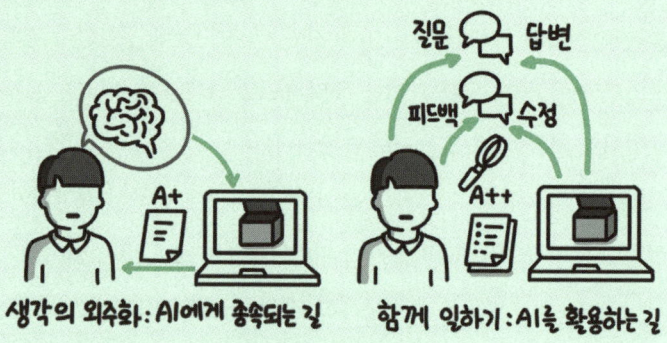

생각의 외주화와 함께 일하기

하지만 그 뒷면에는 서늘한 서늘한 경고가 새겨져 있습니다. 만약 우리가 AI가 던져주는 답을 비판 없이 수용하고, 생각하는 과정 자체를 AI에게 맡겨버린다면 어떻게 될까요? 그것은 협업이 아니라 생각의 외주화일 뿐입니다. 편리함에 취해 생각의 근육을 버리는 대가는 혹독할 것입니다. 우리는 판단력을 잃고, AI가 만든 그럴듯한 환각에 속수무책으로 빠져들며, 결국 기술의 주인이 아닌 노예로 전락하게 될지도 모릅니다.

이 책은 바로 이 갈림길 위에서 당신이 길을 잃지 않도록 돕는 안내서입니다. 어떻게 해야 '생각의 외주화'라는 달콤한 유혹을 이겨내고, AI와 진정으로 '함께 일하는' 지혜로운 주인이 될 수 있을까요? 그 여정을 지금부터 시작하겠습니다.

핵심 요약

- **바이브 코딩의 핵심은 '코딩'이 아닌 '상상 실현 능력'**
  AI에게 기능 구현을 요청하고, 오류 디버깅까지 대화로 해결하며, 아이디어를 빠르게 현실화하는 새로운 역할: 전통적 타이피스트가 아닌 '크리에이터'이자 '오케스트라 지휘자'

- **유행보다 본질에 집중하라**
  '프롬프트 엔지니어링' 등 새 용어에 휩쓸리지 않고, 필요한 것은 문제의 본질을 꿰뚫는 질문 설계 능력

- **기술의 대체 vs. 확장**
  미시적으로는 일자리를 빼앗지만, 거시적으로는 삶을 확장—스마트폰·AI 시대에 핵심은 '도구 사용법'이 아니라 '원리 이해'

- **역사적 교훈**
  문자, 인쇄술, IoT 등 과거 기술 충격이 그랬듯, AI 시대에도 근본 역량(비판적 사고·토론·질문 설계)이 생존의 열쇠

질문들

1. AI를 '효율적 자원'이 아닌 '지적 파트너'로 삼으려면, 우리는 어떤 태도와 질문 방식을 연습해야 할까요?

2. '도구의 노예'가 되지 않기 위해 우리가 잃지 말아야 할 본질적 역량은 무엇이며, 어떻게 훈련할 수 있을까요?

3. 미시적 관점에서 기술이 인간을 대체하는 예와 거시적 관점에서 보완하는 예를 나눠 생각해보면 어떤 통찰을 얻을 수 있을까요?

4. 과거 인쇄술·IoT·스마트폰 충격과 AI 충격의 공통점과 차이점은 무엇인가요? 이를 통해 미래를 어떻게 준비할 수 있을까요?

5. '프롬프트 엔지니어링'이 단순한 기교가 아닌, 본질적 사고 훈련이 되려면 어떤 접근이 필요할까요?

1부

관점을
재설계하라:
살아남는
소수의 생각법

혹시 정말 잘 만든 게임에 깊이 빠져들어 시간 가는 줄 몰랐던 경험, 있으신가요? 우리는 그저 재미있다고 느끼지만, 게임 개발의 세계에는 그 재미를 설계하는 아주 정교한 틀이 있습니다. 바로 MDA 프레임워크(Mechanics-Dynamics-Aesthetics)[1]입니다. 조금 생소하게 들릴 수 있지만, AI 시대를 살아갈 우리에게 아주 중요한 관점을 제시해주기에 꼭 짚고 넘어가고 싶습니다.

먼저 제작자(게임 개발자)는 게임의 가장 근본적인 규칙과 부품인 역학(Mechanics)부터 설계합니다. 캐릭터의 점프 높이, 총알의 공격력, 블록이 떨어지는 속도 같은 것들 말이죠. 이런 규칙들이 서로 맞물리며 플레이어가 게임을 하는 동안 벌어지는 예측 불가능한 상호작용, 즉 동역학(Dynamics)이 만들어집니다. 이는 이 모든 과정을 통해 플레이어가 최종적으로 느끼게 될 감정, 가령 성취감, 좌절감, 경쟁심 같은 미학(Aesthetics)을 유도해내는 구조

---

[1] R. Hunicke, M. LeBlanc, and R. Zubek, MDA: A Formal Approach to Game Design and Game Research. *Proceedings of the AAAI Workshop on Challenges in Game AI*, 4 (1): 17-22, 2004. https://users.cs.northwestern.edu/~hunicke/MDA.pdf

입니다(M → D → A).

반면, 플레이어의 경험은 이 과정과 정확히 반대 방향으로 흐릅니다. 우리는 일단 게임을 하면서 느끼는 짜릿한 재미, 즉 **미학**에서 출발합니다. 그리고 '아, 이기려면 이런 식으로 움직여야 하는구나'라며 게임의 상호작용, 즉 **동역학**을 몸으로 터득하죠. 그렇게 한참을 즐기다 보면 마침내 '이 게임은 이런 규칙으로 돌아가는구나' 하고 핵심 **역학**을 어렴풋이 추론하게 됩니다(A → D → M).

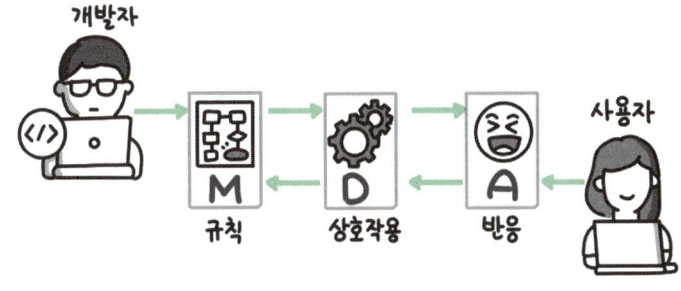

MDA와 ADM

이해가 조금 어려우신가요? 그렇다면 우리가 사랑하는 떡볶이를 한번 떠올려봅시다. 떡볶이 가게 사장님은 어떤 고춧가루를 쓸지, 떡은 밀떡과 쌀떡 중 무엇을 고를지, 소스의 황금 비율은 어떻게 할지(역학) 고민하며 레시피를 만듭니다. 그리고 그 재료들을 끓이고 조리하면서(동역학) 최상의 맛과 비주얼(미학)을 창조해냅니다. 하지만 손님인 우리는 어떻습니까? 그저 눈앞의 먹음직스러운 떡볶이를 보고, 한입 먹어본 뒤 '아, 맛있다!'(미학)라고 느낄 뿐입니다. 그리고 그 맛을 곱씹으며 '여긴 양배추를 많이 넣어서 단맛이 나는구나', '어묵이 신선하네'라며 조리법과 재료(동역학, 역학)를 역으로 상상하죠.

과거에 우리가 무언가를 배우고 익히는 과정은 거의 예외 없이 제작자의 관점(M → D → A)을 따랐습니다. 영어 공부를 할 때도 알파벳과 문법부터 외웠고, 코딩을 배울 때도 변수와 함수 같은 기본 원리부터 시작했죠. 우리는 늘 그렇게 배우도록 훈련받아 왔습니다.

그런데 인공지능 시대가 이 모든 공식을 뿌리부터 뒤흔들고 있습니다. 플레이어처럼, 손님처럼, 결과물에서부터 시작하는 A → D → M 방식의 학습이 가능해졌기 때문입니다.

이 놀라운 관점의 전환이 비단 게임이나 떡볶이에만 국한된 이야기일까요? 절대 그렇지 않습니다. 제가 최근 들었던 정말 흥미로운 실험 하나를 소개하겠습니다. 서울의 한 초등학교 6학년 선생님이 국어 시간에 '시 쓰기'를 가르치며 과감히 학습 순서를 바꿔보았습니다. 예전 같으면 운율, 은유 같은 시의 기법(역학)부터 설명했겠지만, 이번에는 AI에게 '우리 학교 감나무'에 대한 아름다운 시(미학) 한 편을 쓰게 해 아이들에게 먼저 보여줬습니다.

아이들은 금세 그 시에 푹 빠져들었고, 자연스럽게 "선생님, 이 표현은 왜 이렇게 했어요?"라며 시의 구조와 기법(동역학)을 스스로 질문하기 시작했습니다. 놀랍게도 한 시간이 끝날 즈음, 아이들은 시의 핵심 원리(역학)를 누가 가르쳐주지 않았는데도 스스로 발견하고 있었죠. 더 놀라운 건, 다음 시간에 아이들이 쓴 시의 완성도가 이전 방식으로 배운 학생들보다 훨씬 높았다는 겁니다.

도대체 무슨 일이 벌어진 걸까요? 인지과학자 존 스웰러(John Sweller)의 '인지 부하 이론'이 그 답을 줍니다. 우리 뇌가 한 번에 처리할 수 있는 정보에는 분명한 한계가 있습니다. 그런데 전통적 학습 방식은 문법과 규칙 외우기에 집중하느라 정작 가장 중요한 '내 마음 표현하기'에 쓸 여유를 남겨 두지 못합니다. 반면 AI가 만든 완성품에서 출발하자, 아이들은 '와, 이렇게 표현할 수도 있구나!' 감탄하며 인지적 부담 없이 핵심을 체득하게 된 것이죠.

의료 분야에서도 똑같은 혁명이 일어나고 있습니다. 예전 레지던트들은 해부학 교과서(역학)를 달달 외우고 실제 수술(미학)에 들어갔지만, 교과서와 현실의 괴리는 너무나 컸습니다. 하지만 요즘은 다릅니다. AI가 생성한 초고해상도 3D 심장 모델을 VR로 체험하며 생생한 시각적 경험(미학)에서 출발합니다. 가상 수술을 반복하며 직관적 대처 능력(동역학)을 기른 뒤, 마지막에야 그 해부학적 원리(역학)를 공부하죠. 그 결과는 어땠을까요? 실제 수술에서 예상치 못한 위기에 대처하는 능력이 이전 세대와는 비교할 수 없을 만큼 뛰어났다고 합니다.

이제 테트리스 게임을 만든다고 상상해봅시다. 예전 방식이라면 블록의 모양, 회전 규칙, 점수 계산 방식까지 모든 '역학'을 밑바닥부터 설계해야 했습니다. 하지만 이제는 어떻습니까? "지금 당장 플레이할 수 있는 테트리스 게임 코드를 짜줘"라는 단 한 줄의 명령이면, 순식간에 그럴싸하게 동작하는 게임(미학/동역학)이 눈앞에 툭 하고 나타납니다.

이것은 단순히 '편리해졌다'는 차원의 이야기가 아닙니다. 학습과 경험에 대한 패러다임이 통째로 바뀌고 있다는 신호입니다. AI가 던져준 결과물에서 출발하는 이 방식은 우리에게 직관적이고 즉각적인 성취감을 줍니다. 지루한 학습 과정 없이도 곧바로 핵심을 꿰뚫고, 창의적인 변주를 시도해볼 수 있게 되었습니다.

결국, 이 **결과물 우선 사고방식**이야말로 인공지능 시대에 살아남기 위한 가장 중요한 관점의 전환입니다. AI가 제공하는 결과물을 그저 신기해하며 소비하는 데 그치지 않고, 그것을 뜯어보고 분석하며 원리를 역으로 파고드는 의식적인 역설계(reverse engineering) 능력과 그렇게 내재화한 원리를 바탕으로 완전히 새로운 것을 창조해내는 응용력.

이 새로운 게임의 룰을 얼마나 빨리 이해하고 내 것으로 만드느냐에 따라, 당신은 AI에게 답변을 '구걸'하는 단순 사용자에 머무를 것인가, 아니면 AI를 조종하여 원하는 것을 창조하는 '설계자'가 될 것인가가 결정될 겁니다. 그리고 언제나 그랬듯, 살아남는 소수는 후자일 것입니다.

1장. 당신은 질문자인가, 구걸자인가

'구걸(beg)'이라는 표현이 다소 굴욕적이거나 과격하게 느껴질 수도 있겠습니다. 하지만 저는 인공지능을 대하는 우리의 태도를 설명하는 데 이보다 더 적확한 단어는 없다고 생각합니다. 그저 주어진 정보를 수동적으로 받아보기만 한다면, 그것은 본질적으로 답을 구걸하는 행위와 다르지 않기 때문입니다.

대표적인 사례가 바로 퍼플렉시티(Perplexity)입니다. 저는 개인적으로 이 서비스의 마케팅이 몹시 영리했다고 생각합니다. 퍼플렉시티는 LLM의 답변에 검색 엔진 결과를 결합시켜, 마치 모든 대답에 '근거'가 있는 것처럼 보이게끔 멋지게 연출했습니다. 제가 왜 '연출'이라고 표현하냐면, 검색 결과를 인용하거나 출처를 태그한다고 해서 그 내용의 정확성이 보장되지는 않기 때문입니다. 실제로 퍼플렉시티 스스로도 환각(hallucination) 현상이 없다고 말하지 못하죠. 결국 그들이 참조하는 웹 문서 역시 누군가의 블로그이거나 인터넷 신문 기사인 경우가 많으니까요. 한번 생각해보시죠. 우리가 구글이나 네이버에서 검색한 첫 페이지의 결과를 100% 신뢰할 수 있나요? 그와 똑같은 이야기입니다.

제가 여기서 퍼플렉시티의 기술적 한계를 지적하려는 것은 아닙니다. 이제 그들의 기술은 더 이상 특별하지 않습니다. 구글부터 국내 기업들, 심지어 오픈소스로도 얼마든지 구현할 수 있는 수준이 되었죠. 제가 감탄한 것은 그들의 접근 방식입니다. 그들은 기존의 검색 포털이 '검색 엔진'이었다면, 자신들은 '답변 엔진'이라고 선언했습니다. 지금까지는 검색어를 고민하는 것도 사용자, 수많은 결과물 속에서 옥석을 가려내는 것도 사용자, 그렇게 얻은 정보를 지식으로 소화하는 것도 온전히 사용자의 몫이었습니다. 그런데 이제 그 모든 귀찮은 과정을 생략하고 그냥 '답'을 바로 주겠다는 콘셉트였죠.

바로 이 지점이 대중의 마음을 파고든 영리한 포인트였습니다. 사실 대부분의 사람들은 복잡한 원리보다는 명쾌한 답을 원하기 마련이니까요. 효용감도 즉각적이고, 검색 데이터를 인용하는 형식을 취하니 '틀린 답'에 대한 책임에서도 비교적 자유로운 포지션을 차지할 수 있었죠.

이런 현상은 과거에도 있었습니다. 2015년부터 유행처럼 번졌던 소위 'AI 스피커'를 기억하십니까? 구글 홈, 애플 시리, 아마존 알렉사, 네이버 클로바… 그야말로 춘추전국시대를 방불케 할 만큼 수많은 제품이 쏟아져 나왔습니다. 자, 솔직히 한번 대답해보시죠. 지금 그 제품, 잘 쓰고 계신가요? 아마 대부분은 먼지가 쌓인 채 거실 한구석을 차지하는 비싼 시계나 스피커 정도로 쓰이고 있을 겁니다.

국내 출시되었던 AI 스피커 모음. 윗줄 왼쪽부터 순서대로 SKT NUGU, 구글 홈, KT 기가지니, 카카오 미니, 네이버 클로바

이 제품들은 사용자가 하는 말밖에 이해하지 못했습니다. 그래서 모두가 묻는 질문도 비슷했죠. "오늘 날씨 어때?", "최신 뉴스 읽어줘", "오전 7시에 알람 맞춰줘", "신나는 노래 틀어줘." 처음엔 신기했지만, 이내 정해진 답변만 읊어주는 스크린 리더(screen reader)에 불과하다는 사실을 깨닫자 사람들의 흥미는 차갑게 식어버렸습니다. 결국 구글과 애플을 제외한 대부분의 회사가 이 AI 스피커 사업에서 조용히 철수했죠. 왜일까요? 그들은 우리를 '답을 구걸하는 자'로 대했고, 우리 역시 기꺼이 그 역할에 머물렀기 때문입니다.

최근 LLM이 결합되면서 이 시장이 부활할 것이라는 전망이 나옵니다. 하지만 이제는 **기계의 성능 개선보다도, 인간이 AI와 상호작용하는 방식을 근본적으로 바꿔야 할 때입니다**. 기존처럼 정해진 정보를 받아 보는 데 급급했다면, 이제는 직접 정보를 조합하고, 되묻고, 새로운 것을 만들어내는 상호작용의 주체가 되어야 합니다. 영화 〈아이언맨(Iron Man)〉의 자비스나, 영화 〈

그녀(Her)〉의 사만다처럼 말이죠.

　다만 여기서 우리는 영화 〈그녀〉의 결말을 곱씹어볼 필요가 있습니다. 주인공 테오도르는 자신만이 사만다와 특별한 관계라고 믿었지만, 영화의 마지막에 사만다가 동시에 8,316명의 다른 사용자와 대화하고 있으며, 그중 641명과 사랑에 빠졌다는 충격적인 고백을 듣게 되죠. 이 장면이야말로 저는 '구걸하는 자'의 전형적인 비극이라고 생각합니다. 테오도르는 사만다와 함께 무언가를 만들어가려 한 것이 아니라, 그저 인공지능이 자신에게 특별한 감정과 의미를 주기만을 바랐던 겁니다. 이런 수동적인 태도로 AI를 사용한다면, 그것은 그저 신기한 대답을 잘해주는 챗봇 그 이상이 될 수 없습니다.

　그렇다면 AI를 주도적으로 쓰기 위해 무엇이 필요할까요? 저는 화려한 프롬프트 기술이나 전공 지식 이전에, 아주 단순하지만 강력한 한 가지 태도가 중요하다고 생각합니다. 바로 질기고 집요하게 파고드는 태도입니다. 묻고, 되묻고, 다른 방식으로 요구하고, 결과를 비판하며 수정하는 과정의 반복 말이죠. 여기서 AI의 놀라운 장점이 드러납니다. 사람에게라면 무례하게 보일 수 있는 이 모든 과정을, AI는 지치지도 않고 감정적으로 반응하지도 않고 전부 받아줍니다.

　학교 수업 막바지에 손을 들고 질문하려면 다른 학생들의 따가운 눈초리와 시간을 빼앗는다는 압박감을 느껴야 하지만, 인공지능에게는 새벽 3시에도 얼마든지 유치한 질문을 던질 수 있습니다. 우리가 만약 교육자가 말하는 것을 수동적으로 받아 적기만 할 것이라면, 그곳은 학교가 아니라 교회가 되어야 합니다. 지식의 전당이라 불리는 대학에서 우리가 하는 진짜 공부는 일방적인 강의 수강이 아니라, 교수와 동료들과의 토론과 질답 그리고 생각의 확장이니까요.

제가 '구걸자'와 '질문자'를 나누어 묻는 것은 바로 이 때문입니다. 물론 구걸자가 나쁘다는 뜻은 아니며, 세상의 대부분은 구걸자에 머무릅니다. 뉴스에서 사실과 다른 보도가 나왔을 때 누군가는 원문을 찾아보고 팩트체크를 하지만, 다른 누군가는 그저 헤드라인만 믿고 말죠. 매번 모든 사안에 꼼꼼한 확인을 하는 사람은 드뭅니다. 저조차도 어떤 분야에서는 구걸자이고, 제가 깊이 파고드는 분야에서만 질문자가 됩니다.

다만, 적어도 우리가 인공지능이라는 강력한 도구를 손에 쥔 이상, 이것을 사용하는 데 있어서만큼은 반드시 '질문자'의 태도를 가져야만 합니다. 그것이 AI의 노예가 될 것인가, 주인이 될 것인가를 가르는 단 하나의 갈림길이기 때문입니다.

최근 많은 사람들이 AI에 기대어 문제를 해결하려 합니다. 숙제를 하고, 에세이를 작성하고, 정보를 찾는 등 편리한 기능 때문에 AI는 마치 모든 것을 해결할 수 있는 마법 도구처럼 느껴집니다. 그러나 이 편리함 뒤에는 숨겨진 위험이 있습니다. 최근 MIT 미디어랩의 연구팀은 연구[2]를 통해, AI 도구를 사용할수록 인간의 뇌 기능이 점차 약해진다는 사실을 밝혔습니다.

이 연구에서는 대학생 54명을 AI 언어 모델을 사용한 그룹, 검색엔진을 사용한 그룹, 아무 도구도 사용하지 않은 그룹으로 구분하여 에세이 과제를 수행하게 했습니다. 뇌전도(electroencephalography, EEG) 측정 결과, 아무 도구도 사용하지 않은 그룹이 가장 활발하고 다양한 뇌 연결성을 보였으며, AI를 사용한 그룹은 가장 약한 뇌 연결성을 나타냈습니다. 특히, 한 학기 동안

---

2 N. Kosmyna et al., Your Brain on ChatGPT: Accumulation of Cognitive Debt when Using an AI Assistant for Essay Writing Task. arXiv:2506.08872

AI만을 사용한 참가자들은 기억력과 창의성뿐 아니라 과제에 대한 책임감마저 크게 저하되었습니다.

이 연구가 소개하는 인지적 부채(cognitive debt)란, 당장의 편리함을 위해 AI에 지나치게 의존할 경우, 결국 인간 본연의 학습과 사고 능력을 잃게 될 수 있음을 뜻합니다. 따라서 AI 도구의 편리성뿐만 아니라 균형 잡힌 사용법에 대한 신중한 고민이 필요합니다.

아무 도구도 사용하지 않은 그룹이 가장 활발하고 다양한 뇌 연결성을 보였다.

그렇다면 어떻게 해야 구걸자를 넘어 진정한 질문자가 될 수 있을까요? 그 비결은 거창한 데 있지 않습니다. 바로 당신의 머릿속 생각을 '설계'하는 능력에 있습니다. AI가 당신의 질문에 비례해 성장한다는 것은, 곧 당신이 얼마나 체계적으로 질문의 뼈대를 세울 수 있느냐에 따라 AI의 능력이 결정된다는 의미입니다.

이것이 바로 우리가 2부에서 집중적으로 연마할 구조화된 사고의 힘입니다다. 단순히 묻는 것을 넘어, '생각의 설계도'를 그리는 법을 배우는 순간, 당신은 AI에게 답을 구걸하는 대신 AI에게 일을 시키는 주인이 될 것입니다.

핵심 요약

- **'구걸' vs. '질문'의 태도**
  AI에게 답을 단순히 받아들이기만 하면 '답을 구걸하는 자(beggar)'이고, 스스로 묻고 파고들면 '질문자(questioner)'가 된다.

- **search engine vs. answer engine**
  Perplexity 같은 서비스는 '답변 엔진'을 표방하며 사용자의 고민을 대신 해결해주는 듯 보이지만, 근본적으로는 여전히 사용자가 결과의 정확성을 검증해야 한다.

- **과거 AI 스피커의 실패**
  구글 홈·시리·알렉사 등은 단순 명령어 수준의 상호작용만 제공해 흥미가 금세 식었고, 이는 사용자가 '구걸'하는 태도에 머물렀기 때문이다.

- **주체적 상호작용의 중요성**
  AI와의 대화에서 주도권을 쥐려면, 끈질기게 묻고, 되묻고, 비판하고, 수정하는 적극적 태도가 필요하다.

- **인지적 부채(cognitive debt)**
  MIT 미디어랩 연구에 따르면 AI 의존이 높을수록 뇌 연결성과 창의성이 저하될 수 있다.

- **구조화된 사고의 힘**
  AI에게 무엇을, 어떻게 물어볼지를 설계하는 '생각의 설계도'를 스스로 그릴 줄 알아야만 '질문자'가 될 수 있다.

질문들

1. '구걸자'와 '질문자'
- 당신이 일상에서 AI를 사용할 때, 자신이 구걸자에 더 가까웠던 경험이 있다면 무엇인가요?
- 반대로 '질문자'의 태도를 발휘해 AI로부터 더 깊은 통찰을 얻은 경험이 있다면 공유해보세요.

2. '답변 엔진'의 허와 실
- Perplexity처럼 출처를 태그한다고 해서 정보의 신뢰도가 높아진다고 볼 수 있을까요? 그 이유는 무엇인가요?
- '검색 엔진'과 '답변 엔진' 중 어떤 방식을 선호하며, 그 이유는 무엇인가요?

3. 과거 AI 스피커의 교훈
- AI 스피커가 제공하던 상호작용과, 최신 LLM 기반 인터페이스의 차이는 무엇인지 분석해보세요. 왜 대중이 AI 스피커에 금세 흥미를 잃었는지, 그 원인을 여러 관점에서 설명해보세요.

4. 주체적 상호작용 전략
- AI에 '끈질기게 파고드는 태도'를 실천하기 위한 구체적인 프롬프트 작성법이나 질문 방식을 고민해보세요.
- AI와의 상호작용에서 '무례해 보이지 않게' 하면서도 깊이 파고들려면 어떤 커뮤니케이션 전략이 필요할까요?

5. 인지적 부채 고민하기
- MIT 연구에서 언급된 '인지적 부채'가 당신의 학습 스타일에 어떻게 적용될 수 있을까요?
- AI 사용과 인간 뇌 기능의 균형을 맞추기 위해 스스로 실천할 수 있는 학습 방법은 무엇이 있을까요?

6. 구조화된 사고 연습
- '생각의 설계도'를 그린다고 했을 때, 한 가지 주제를 골라 구조화된 질문 흐름(뼈대)을 직접 설계해보세요.
- 그 설계도를 바탕으로 AI에게 물었을 때, 어떤 차별화된 답변을 기대할 수 있는지 예측해보세요.

2장. 완벽주의의 종말, 위대한 실험의 시대

한때 '게으른 완벽주의'라는 말이 유행처럼 번진 적이 있습니다. 아마 많은 분들이 이 단어 앞에서 뜨끔하며 고개를 끄덕이셨을 겁니다. 말하자면 게으른 완벽주의란, 내 안에는 히말라야 정상만큼이나 높은 완벽함의 기준이 있는데, 막상 현실의 내 결과물은 동네 뒷산 수준에도 못 미칠 듯합니다. 그 격차를 견딜 수 없어서, 차라리 아무것도 하지 않고 보여주지 않는 쪽을 택하는 것이죠. 그러다 보니 남들이 보기엔 그저 아무것도 안 한 '게으른' 사람이지만, 정작 내면에서는 누구보다 치열하게 '완벽'을 갈망하고 있는 모순적인 상태가 됩니다.

사실 이 말은 많은 이들의 자조 섞인 고백이었습니다. 하지만 시대의 흐름은 이런 완벽주의를 더 이상 용납하지 않는 쪽으로 흘러갔죠. 실리콘밸리에서 시작된 애자일(agile)[3]이나 린(lean)[4] 같은 방법론이 퍼지면서, '완벽한 계

---

[3] 애자일 철학의 핵심은 '완벽한 계획보다 신속한 실행과 학습'입니다. 프로젝트를 작고 관리 가능한 단위로 나눠 빠르게 실행하고 피드백을 받아 지속적으로 개선하는 방식이 특징입니다.

[4] 린은 일본 토요타 자동차의 생산 방식에서 유래된 개념으로, 불필요한 낭비를 줄이고 효율성을 극대화하는 데 중점을 둡니다. 제품이나 서비스를 빠르게 시장에 출시하고 고객의 반응을 보면서 지속적으로 수정, 개선합니다.

획보다 빠른 실패가 낫다'는 생각이 상식이 되었습니다. 야구에서도 타석에 자주 들어서야 안타를 칠 확률이 올라가는 것처럼, 일단 시도하고 부딪쳐봐야 뭐라도 배운다는 인식이 생긴 겁니다.

하지만 바로 이 지점에서 우리는 또 다른 딜레마에 빠집니다. "아니, 뻔히 망할 게 보이는데도 일단 저지르고 봐야 하나요? 내 동료들에게 이 삽질을 계속하게 하는 게 과연 옳은 일일까요?" 더 나아가 이 빠른 실패라는 방식 자체가 오직 성공적인 결과에만 초점을 맞추다 보니, 실패가 반복되면 마치 내가 하는 모든 일이 쓸모없게 느껴지면서 깊은 동기 저하, 이른바 번아웃에 빠지게 됩니다.

바로 여기서 우리는 '결과'라는 단어를 한 걸음만 더 깊이 들여다볼 필요가 있습니다. 우리는 흔히 결과주의라고 하면 성공과 실패, 매출과 수익 같은 가시적인 성과만을 떠올립니다. 하지만 그건 결과에 대한 아주 큰 오해입니다. 결과의 진짜 의미는 '무언가를 끝마쳐본 경험' 그 자체입니다. 대부분은 하다가 그만둔 것, 즉 '중단'한 것을 실패라는 결과로 착각하곤 하죠. 하지만 진정한 의미의 결과는, 성공했든 실패했든 간에 '어떤 것을 끝까지 가보았는가?', '이 여정의 종착역을 내 눈으로 확인했는가?'라는 질문에 가깝습니다.

보통 완벽주의자는 눈치가 빠르거나 꽤 영리한 사람입니다. 그렇기 때문에 자신의 시도가 어떤 결과를 낳을지 남들보다 빠르게 예측하고 추론합니다. 그리고 실패의 냄새가 조금이라도 나면, 재빨리 멈추거나 아예 시도조차 하지 않죠. 상처받기 싫으니까요. 하지만 우리가 귀에 못이 박이도록 듣는 수많은 창업 성공 신화를 한번 보시죠. 그들의 이야기는 마치 온 세상이 그들을 돕기 위해 움직인 것처럼 아름답게 포장되어 있지만, 그 디테일을 한 꺼풀만 벗겨보면 수많은 위기와 절망적인 실패를 딛고 일어선 흉터들로 가득합니다.

그들은 실패할 것 같다고 중단하지 않았습니다. 끝까지 갔기 때문에 길을 찾은 겁니다.

이와 관련해 아주 유명한 일화가 하나 있습니다. 플로리다 대학교의 제리 율스먼(Jerry Uelsmann) 교수가 진행한 사진 수업 실험[5]이죠. 그는 학생들을 두 그룹으로 나누었습니다.

- **'질(quality)' 그룹**: 오직 작품의 '완성도'로만 평가한다. 학기 내내 단 한 장만 제출하되, 완벽에 가까운 작품이어야 한다.
- **'양(quantity)' 그룹**: 오직 제출한 사진의 '장수'로만 평가한다. 100장을 내면 A, 90장은 B…

질(quality) 그룹과 양(quantity) 그룹

학기 말이 되었을 때, 놀라운 일이 벌어졌습니다. 강의실 벽에 걸린 가장 뛰어나고 창의적인 사진들은 전부 **양 그룹** 학생들의 작품이었습니다. 그들은 A학점을 받기 위해 수백 장의 사진을 쉴 새 없이 찍어대면서, 온갖 구도와

---

5 《예술가여, 무엇이 두려운가!》(루비박스, 2012)

조명, 암실 기법을 실험했습니다. 수많은 실패작을 통해 무엇이 좋은 사진인지를 몸으로 배웠던 겁니다. 반면 '질' 그룹 학생들은요? 그들은 한 학기 내내 '완벽한 사진이란 무엇인가'에 대해 머리로만 고민하고 토론하다가, 결국 검증되지 않은 평범한 사진 한 장만을 달랑 제출하고 말았습니다.

이 이야기는 우리에게 '양이 질을 만든다(quantity leads to quality)'는 강력한 통찰을 줍니다. 여기까지 들으면 '아, 일단 많이 시도하면 좋은 게 나오는구나' 하고 감은 오실 겁니다. 하지만 바로 그때, 우리를 가로막는 거대한 벽이 나타나죠. 바로 '어떻게?'라는 질문입니다.

"그래, 많이 하라는 건 알겠어. 그런데 그걸 도대체 어떻게 하냐고?"

지난 10여 년간, 수많은 사람들이 이 '어떻게'라는 글자에 막혀 좌절했습니다. 서비스를 만들고 싶어서 프로그래밍을 배우고, 아이디어를 팔고 싶어서 마케팅을 공부하고, 더 깊이 파고들기 위해 대학원에 진학했습니다. 하지만 세상 모든 일이 그렇듯, 우리의 열정적인 시도는 대부분 성공보다 실패로 끝납니다. 우리가 굳이 통계학의 이항분포를 들먹이지 않더라도, 성공이 원래 어려운 것이라는 사실은 모두가 알고 있으니까요.

가령 코딩을 배운다고 해봅시다. 파이썬이라는 언어로 야심 차게 'Hello World'를 화면에 띄우며 개발자의 세계에 입문합니다. 하지만 곧이어 마주하는 for, while, if 같은 제어문, 소켓, 모듈, 데이터베이스… 이런 낯선 개념들 앞에서 우리는 길을 잃습니다. '아니, 내가 하려던 건 근사한 앱을 만드는 거였는데, 지금 내가 배우는 이것들은 도대체 뭐지?' 결국 그 간극을 이기지 못하고 대부분은 '중단'하고 맙니다. 인터넷 강의를 완강했다고 해서 그 지식이 온전히 내 것이 되지 않듯, 특정 관문 앞에서 멈춰버리는 거죠.

이 지점에서 제가 오랫동안 책 집필을 망설였던 이유를 고백해야겠습니다. 독자들에게 그저 '많이 시도하라'는 막연한 희망을 이야기하면서, 정작 가장 중요한 '어떻게'라는 질문에 대한 현실적인 답을 제시할 자신이 없었기 때문입니다. 하지만 AI 시대는 바로 이 '어떻게'의 문제를 극적으로 해결할 수 있는, 이전 시대에는 상상조차 못 했던 실마리를 우리 손에 쥐여주었습니다.

이제 우리는 AI라는 도구를 활용해 서비스 프로토타입이나 MVP(minimum viable product, 최소 기능 제품)를 동시에 여러 개 만들어보는 실험을, 그것도 아주 적은 비용으로 해볼 수 있게 되었습니다. 학습의 순서가 완전히 뒤집힌 겁니다. 더 이상 '어떻게'의 문제로 머리를 싸맬 필요가 없습니다. 일단 AI에게 '무엇을' 만들고 싶은지 던져보고, 그 결과물을 통해 '왜' 이걸 만들어야 하는지 빠르게 검증하면 됩니다. 그리고 마침내 내 아이디어가 의미가 있고, 가치가 있다는 확신이 들었을 때, 바로 그때 필요한 만큼의 '어떻게'를 필요에 의해 학습하면 되는 겁니다.

완벽주의가 설 자리는 점점 사라지고 있습니다. 이제 우리 앞에는 위대한 실험의 시대가 활짝 열렸습니다. 이 세상의 어떤 장인도 처음부터 장인이었던 것은 아닙니다.

핵심 요약

- **게으른 완벽주의의 함정**
  너무 높은 완벽 기준 때문에 시도조차 못 하고 멈춰서는 상태를 일컫는다.

- **'양(quantity) vs. 질(quality)' 실험**
  플로리다 대학교 사진 수업 사례처럼, 반복적 시도를 통해 얻은 다수의 경험이 결국 더 뛰어난 결과(질)를 만든다.

- **결과의 재정의**
  성공 여부가 아니라 '끝까지 해본 경험' 자체가 진정한 결과이며, 중단한 것은 '결과를 맺지 못한 경험'일 뿐 실패와 동일시하지 말아야 한다.

- **'어떻게?'의 딜레마**
  많은 시도를 강조하면서도 정작 구체적인 방법을 제시하지 못해 막막함이 발생한다.

- **AI 시대의 해결책**
  AI를 활용해 다수의 프로토타입(MVP)을 저비용으로 제작·검증하면서 '무엇을' 만들지 실험하고, 유의미할 때에만 필요한 '어떻게'를 학습하면 된다.

- **실험의 시대 도래**
  완벽주의 대신 '빠른 실험 → 검증 → 학습'의 순환 구조가 주류가 되며, 누구나 장인이 되기 위해선 먼저 도전과 실패의 과정이 필수임을 강조한다.

질문들

1. '게으른 완벽주의' 자가 진단
- 최근 프로젝트나 과제에서 '차라리 시도조차 안 하는 편이 낫겠다'고 느낀 순간이 있었다면, 그 배경과 감정을 구체적으로 떠올려보세요.

2. 양이 질을 만든 경험
- 당신이 반복적 시도를 통해 의외의 성과를 얻었던 경험이 있다면, 그 과정에서 무엇을 배우고 어떻게 발전했는지 사례로 설명해보세요.

3. '끝까지 가본 경험'의 가치
- 중단한 경험과 끝까지 해본 경험을 비교해보았을 때, 각 과정에서 얻은 인사이트나 깨달음은 어떻게 달랐나요?

4. '어떻게'의 장애물 분석
- 새로운 분야에 도전할 때 가장 막막했던 '방법론(How-to)'은 무엇이었나요? 그리고 그때 당신이 취했던 대처 방식은 무엇이었나요?

5. AI로 무언가를 실험하기
- AI를 활용해 여러 개의 프로토타입을 빠르게 만들어 본 적이 있다면, 어떤 아이디어였고 어떻게 결과를 검증했나요?
- 아직 AI 실험을 시도해보지 않았다면, 가장 먼저 '어떤 것'을, '왜' 실험해보고 싶은지 제안해보세요.

6. 실패와 번아웃의 경계
- 빠른 실패를 지향하다가 오히려 동기 저하나 번아웃을 느낀 적이 있다면, 그 원인과 극복 방안을 고민해보세요.

7. 실험의 순환 구조 설계
- '실험 → 검증 → 학습'의 사이클을 적용할 한 가지 개인 프로젝트나 과제를 선택해, 구체적인 단계별 계획을 작성해보세요.

3장. 튜링의 질문에서 챗GPT까지

1950년, 영국의 천재 수학자 앨런 튜링(Alan Turing)이 인류에게 거대한 질문 하나를 던집니다. "기계가 생각할 수 있을까?"

그런데 말이죠, 튜링은 이 문제를 골치 아픈 철학 논쟁으로 남겨두지 않았습니다. 그는 아주 영리하게 이 질문을 하나의 게임으로 만들어 버렸죠. 한번 상상해보세요. 당신이 화면 너머의 누군가와 5분간 채팅을 합니다. 대화가 끝난 후, 상대가 인간인지 기계인지 맞혀야 합니다. 만약 당신이 헷갈린다면? 그 기계는 생각한다고 봐도 무방하다는 겁니다. 이것이 바로 그 유명한 '튜링 테스트'[6]입니다. 참 단순하고 명쾌하지 않나요?

시간이 흘러 2022년 챗GPT가 등장했을 때, 세상은 열광했습니다. "드디어 튜링의 예언이 실현되었다!" 실제로 챗GPT와 몇 분만 대화해보면 정말 사람과 이야기하는 듯한 착각에 빠지곤 하죠. 심지어 구글의 한 엔지니어는 자

---

[6] 튜링 테스트(Turing test)는 앨런 튜링이 1950년에 제안한 인공지능 판별 실험입니다. 기계(컴퓨터)가 사람과 자연스러운 대화를 나눌 수 있다면, 그 기계는 인간 수준의 지능을 갖췄다고 평가할 수 있다는 개념입니다. 테스트에서 사람은 상대방이 기계인지 인간인지 알지 못한 상태에서 대화를 나누며 이를 판단합니다.

사 AI가 의식을 가졌다고 주장하다 해고되기까지 했으니까요.

그런데 말입니다. 바로 이 지점에서 존 설(John Searle)이라는 철학자가 등장해 이 모든 논의에 제대로 찬물을 끼얹습니다. 1980년, 그가 제시한 '중국어 방(Chinese Room)' 사고 실험[7]은 튜링 테스트의 허점을 그야말로 날카롭게 파고들었거든요.

이야기는 이렇습니다. 중국어를 한 글자도 모르는 사람이 방 안에 갇혀 있습니다. 그의 앞에는 '만약 이런 중국어 글자가 들어오면, 저런 글자들을 내보내라'는 완벽한 매뉴얼이 있죠. 방 밖에서 누군가 중국어로 질문을 던지면, 방 안의 사람은 그저 매뉴얼을 뒤져 기계적으로 답을 찾아 내보냅니다. 결과적으로는 완벽한 중국어 대화가 이루어지지만, 방 안의 사람은 자기가 무슨 말을 하는지 전혀 이해하지 못합니다.

존 설은 이것이 바로 컴퓨터가 하는 일이라고 주장했습니다. 아무리 그럴듯한 답변을 해도, 그 안에는 진정한 '이해'가 없다는 거죠. 챗GPT가 하는 일이 결국 이 중국어 방 놀이와 뭐가 다르냐는 겁니다.

이 질문에 명쾌한 답을 제공하는 사람이 있습니다. 바로 작가인 팀 어반(Tim Urban)[8]입니다. 그는 2015년 발표한 〈The AI Revolution: The Road to Superintelligence(AI 혁명: 초지능으로 가는 길)〉라는 글에서, 지금 우리가 AI를 진지하게 고민해야 하는 이유를 매우 흥미롭게 설명했습니다.

---

7   철학자 존 설이 1980년에 제안한 사고 실험입니다. 설은 기계가 진정으로 인간처럼 '이해'하는 것이 아니라, 단순히 주어진 규칙에 따라 기계적으로 반응할 뿐이라고 주장했습니다. 예를 들어 중국어를 전혀 모르는 사람이 방 안에서 중국어 매뉴얼을 따라 중국어 질문에 맞는 답변을 기계적으로 생성해 낸다면, 외부에서 볼 땐 마치 중국어를 이해하는 것처럼 보이지만 실제로는 아무런 의미도 이해하지 못한 상태라는 것을 의미합니다.

8   팀 어반은 복잡하고 어려운 주제를 쉽고 명쾌한 글로 풀어내는 인기 저술가로, 그의 블로그 'Wait But Why(https://waitbutwhy.com/)'는 수백만 독자를 보유하고 있습니다.

팀 어반은 먼저 생명체의 지능 수준을 아주 쉽게 숫자로 표현했습니다. 예를 들어, 지렁이는 1, 생쥐는 10, 침팬지는 90, 그리고 인간은 100이라는 식입니다. 여기서 그는 중요한 질문을 던집니다. 만약 인간보다 수천 배 높은 초지능(superintelligence)이 나타난다면 어떻게 될까요? 그때 인간은 지금 우리가 침팬지를 다루듯 통제되거나, 연구 대상으로 전락할 가능성도 배제할 수 없다는 다소 충격적인 결론을 내놓습니다.

그는 AI의 발전 과정을 크게 세 단계로 나누어 설명합니다. 첫 번째는 narrow AI(약한 인공지능)로, 특정한 분야에서만 인간을 능가하는 단계입니다. 지금 우리가 접하는 챗GPT나 구글 번역 등이 이에 해당하죠. 두 번째는 general AI(강한 인공지능)로, 인간처럼 스스로 생각하고 배우는 단계입니다. 마지막 세 번째 단계는 superintelligence, 즉 초지능입니다. 이 단계에서는 AI가 인간의 지능을 넘어서 스스로 급격하게 발전하며, 이 과정을 '지능 폭발'이라고 표현합니다.

바로 지금 우리는 이 초지능 등장 이전의 중요한 전환기에 놓여 있습니다. 따라서 우리가 어떤 준비와 결정을 내리느냐에 따라 초지능 시대가 인류에게 축복이 될지, 아니면 엄청난 위협이 될지 결정될 것입니다.

팀 어반의 이 흥미로운 설명은 우리가 AI를 바라보는 관점을 확장시켜줍니다. 단지 '기계가 인간처럼 생각하느냐'가 중요한 것이 아니라, AI가 인간과 어떻게 공존하며 발전할 수 있는지가 훨씬 더 중요한 질문일 것입니다.

이러한 배경 위에서 최근 등장한 기이한 현상이 바로 '역방향 튜링 테스트'입니다. 과거에는 AI가 어설퍼서 들통났는데, 이제는 너무 완벽한 답변 때문에 들통난다는 아이러니가 펼쳐진 것입니다.

하지만 이 모든 논의를 지켜보면서, 저는 어쩌면 우리가 엉뚱한 질문에 매

달리고 있는 건 아닐까 하는 생각을 하게 됐습니다. 'AI가 인간처럼 생각하는가?'라는 질문 자체가, 어쩌면 스마트폰에게 "너는 전화 기능을 가지고 있니?"라고 묻는 것과 같은 구시대적 질문일지도 모릅니다.

진짜 중요한 질문은 이것이어야 하지 않을까요? "AI와 인간이 함께 무엇을 할 수 있는가?"

의료 진단에서 AI와 의사가 함께 판단할 때 정확도가 폭발적으로 향상되고, 창작 분야에서 AI가 아이디어를 던져주면 인간은 더 창의적인 작품을 만들어냅니다. 저 역시 이 글을 쓰면서 AI와 함께 브레인스토밍하고, 최신 연구 결과를 찾고, 더 나은 비유를 고민하고 있습니다. 이건 '생각의 외주'가 아닙니다. 제 생각을 증폭시키는 '지적 파트너십'이죠.

결국 튜링이 1950년에 던진 질문의 답은 아직 찾지 못했습니다. 하지만 우리는 더 이상 그 답을 기다릴 필요가 없습니다. '완벽한 인공지능'을 기다리며 완벽주의에 빠져 있을 시간이 없다는 뜻입니다.

이제 우리 앞에는 위대한 실험의 시대가 활짝 열렸습니다. AI라는, 세상에서 가장 박식하지만 가끔은 엉뚱한 이 파트너와 함께, 지금까지 상상도 못했던 것들을 시도해보는 겁니다. 그 과정에서 우리는 아마 '기계가 생각한다'거나 '못 한다'는 이분법을 뛰어넘는, 완전히 새로운 차원의 지능을 목격하게 될지도 모릅니다.

핵심요약

- **튜링 테스트**
  1950년 앨런 튜링은 '기계가 생각할 수 있는가?'를 '사용자가 대화만으로 상대가 기계인지 인간인지 구별할 수 있는가'라는 게임으로 단순화했다.

- **중국어 방 사고실험**
  존 설은 기계가 겉으로는 완벽히 대화해도 '이해'가 없을 수 있음을 보여주며, 튜링 테스트만으로는 진정한 지능을 증명할 수 없다고 지적했다.

- **AI 지능 단계 구분(Tim Urban)**
  1. narrow AI: 특정 분야에서 인간 능력을 초과
  2. general AI: 인간처럼 학습·추론·이해 가능한 단계
  3. superintelligence: 인간 지능을 훨씬 뛰어넘어 스스로 급격히 성장하는 단계

- **역방향 튜링 테스트**
  과거엔 AI가 서툴러서 들켰다면, 이제는 너무 자연스러워 '이게 오히려 기계라는 단서'가 되는 역설적 상황이 벌어지고 있다.

- **본질적 질문 전환**
  'AI가 인간처럼 생각하는가?' 대신 'AI와 인간이 함께 무엇을 할 수 있는가?'가 더 중요한 문제로 부상한다.

- **지적 파트너십**
  AI는 생각을 대신해주는 '외주'가 아니라, 브레인스토밍·검증·다양한 관점을 제공하는 '지적 동반자'로 활용해야 한다.

질문들

1. 튜링 테스트의 한계
- 튜링의 '기계와 인간을 대화만으로 구분할 수 있는가'라는 질문이 오늘날 AI 평가에 어떤 영향을 주었을까요?
- 중국어 방 사고실험을 통해 드러난 '이해의 부재'를 현대 LLM에 어떻게 적용해 볼 수 있을까요?

2. 지능 단계별 성찰
- narrow AI, general AI, superintelligence 중 현재 우리가 주목해야 할 쟁점은 무엇이라고 생각하나요?
- 당신이 경험하거나 사용해본 narrow AI(예: 번역기·음성비서 등)에서는 어떤 점이 '인간과 유사'했고, 어떤 점이 '기계적'이었나요?

3. 역방향 튜링 테스트의 아이러니
- '너무 자연스러워서 기계임이 드러난다'는 역방향 튜링 테스트 현상에 대해 어떻게 생각하나요?
- 이 현상이 실험·평가·사용자 경험에 어떤 교훈을 줄 수 있을까요?

4. '생각의 외주' vs. '지적 파트너십'
- AI를 단순 정보 제공 수단이 아니라 '파트너'로 활용하기 위해 필요한 태도나 방법론은 무엇일까요?
- 당신이 AI와 협업하며 얻은 '생각의 증폭' 사례를 구체적으로 공유해보세요.

5. 미래 협업 모델 구상
- AI와 인간이 함께 수행하면 시너지 효과가 클 만한 분야나 과제를 하나 제안하고, 그 이유를 설명해보세요.
- 해당 협업 모델에서 인간과 AI의 역할 분담은 어떻게 설계할 수 있을까요?

6. 철학적 질문의 재정의
- '기계가 생각하는가?'라는 질문 대신 '함께 무엇을 할 수 있는가?'로 질문을 바꿨을 때, 연구나 실험 설계는 어떻게 달라질까요?

4장. 기계의 상상력: AI 창의성의 세 얼굴

2024년 12월, 노벨 화학상 시상식장에서 벌어진 일화 하나가 제 마음속에 깊이 박혔습니다. 데미스 허사비스(Demis Hassabis)가 수상 연설을 하는 동안, 청중 중 한 기자가 이런 질문을 던졌죠. "AI가 정말 창의적일 수 있습니까? 아니면 그저 기존 데이터를 재조합하는 정교한 복사기에 불과한 겁니까?"

2024년 노벨 화학상 수상자, 왼쪽부터 데이비드 베이커, 데미스 허사비스, 존 점퍼
(출처: 스웨덴 왕립 과학한림원)

허사비스의 답변은 의외로 겸손했습니다. "AI의 창의성을 논하기 전에, 우리는 먼저 인간의 창의성이 무엇인지부터 제대로 이해해야 합니다." 그 순간 저는 깨달았습니다. 우리가 AI의 상상력을 재단하기 전에, 창의성 자체에 대한 더 정교한 지도가 필요하다는 것을요.

그 지도를 그려준 사람이 바로 마거릿 보든(Margaret Boden)입니다. 옥스퍼드 대학교의 이 철학자는 30년 전, 창의성을 단순히 '새로운 것을 만드는 능력' 정도로 뭉뚱그려 생각하던 시대에 혁명적인 분류법을 제시했죠. 그녀는 창의성을 세 개의 서로 다른 얼굴로 나누어 설명했습니다. [9]

첫 번째는 '조합적 창의성(combinational creativity)'입니다. 이미 존재하는 아이디어들을 새롭게 결합하여 전혀 예상치 못한 결과를 만들어내는 능력이죠. 가령 누군가가 민트와 초콜릿을 처음 조합해 민트 초콜릿 아이스크림을 만들었을 때, 그것이 바로 조합적 창의성입니다. 익숙한 재료들이지만, 그 조합은 전에 없던 새로운 경험을 선사하잖아요.

두 번째는 '탐험적 창의성(exploratory creativity)'입니다. 이미 정해진 규칙이나 개념적 공간 안에서 아직 발견되지 않은 가능성을 찾아내는 능력이에요. 마치 체스 게임에서 아무도 시도해보지 않은 새로운 전략을 발견하거나, 기존 음악 장르 안에서 독특한 멜로디를 만들어내는 것처럼 말이죠. 게임의 룰은 그대로지만, 그 안에서 새로운 길을 개척하는 겁니다.

세 번째가 가장 극적입니다. '변혁적 창의성(transformational creativity)'이라고 불리는 이것은, 개념적 공간 자체를 바꿔버리는 능력입니다. 피카소가 원근법이라는 전통적 규칙을 깨뜨리고 입체파를 창조했을 때, 아인슈타인이

---

9 《창조의 순간》(21세기북스, 2010)

절대 시간이라는 뉴턴의 프레임워크를 뒤집어 상대성 이론을 만들어낸 것처럼요. 기존 게임의 룰 자체를 바꾸고, 완전히 새로운 놀이터를 만들어내는 것입니다.

그렇다면 AI는 이 세 가지 창의성을 어떻게 발휘하고 있을까요?

조합적 창의성에서 AI는 이미 인간을 압도하고 있습니다. DALL·E나 미드저니 같은 이미지 생성 AI는 '바로크 양식의 우주정거장'이나 '피카소가 그린 고양이 카페' 같은 전에 없던 조합을 순식간에 만들어내죠. 2024년 말 출시된 Sora의 영상들을 보면 더욱 놀랍습니다. '1950년대 필름 느와르 스타일로 촬영된 미래 도시의 로봇 탐정'이라는 프롬프트 하나로, 할리우드 스튜디오가 몇 달 걸려 만들 법한 영상을 몇 분 만에 생성해내거든요.

하지만 변혁적 창의성에서는 아직 의문표가 붙습니다. AI가 기존 패러다임을 완전히 뒤바꾸는 혁신을 만들어낼 수 있을까요? 이 질문에 대한 답을 찾기 위해, 우리는 2024년 《사이언스 어드밴시스(Science Advances)》에 발표된 충격적인 연구 결과를 살펴봐야 합니다.

MIT와 하버드 연구팀이 2만 9천 명의 창작자를 대상으로 진행한 이 연구[10]는 AI 시대의 창의성에 대한 놀라운 역설을 발견했습니다. AI를 활용한 개별 창작자들은 확실히 더 창의적이고 품질 높은 작품을 만들어냈습니다. 하지만 전체적으로 보면, 작품들 사이의 다양성은 오히려 줄어들었다는 겁니다.

개인 차원에서는 분명히 도움이 되지만, 사회 전체의 창의적 다양성은 감소한다는 것이죠. 마치 모든 사람이 같은 GPS를 사용해서 개별적으로는 더

---

10 A. R. Doshi and O. P. Hauser, Generative AI enhances individual creativity but reduces the collective diversity of novel content. *Science Advances*, 10 (28), 2024. https://www.science.org/doi/10.1126/sciadv.adn5290

빠르게 목적지에 도착하지만, 결과적으로는 모두 비슷한 길을 택하게 되는 것과 같습니다.

이 연구 결과는 우리에게 섬뜩한 질문을 던집니다. AI가 우리를 더 창의적으로 만들어주는 것일까요, 아니면 보이지 않는 획일화의 함정으로 이끌고 있는 것일까요?

답은 우리가 각각의 창의성 유형을 어떻게 활용하느냐에 달려 있습니다.

조합적 창의성을 위해서는 AI를 '아이디어 믹서'로 활용하세요. 챗GPT에게 '만약 셰익스피어가 K-팝 아이돌이었다면 어떤 곡을 썼을까?'라고 물어보거나, 클로드에게 '바이킹 시대의 스타트업 피칭 대회'를 상상해달라고 요청해보세요. 중요한 건 AI가 제시한 조합을 그대로 받아들이는 게 아니라, 그것을 출발점으로 삼아 자신만의 독특한 변주를 더하는 것입니다.

담험직 창의성을 위해시는 AI를 '탐험 파트너'로 삼으세요. 특정 분야에서 아직 시도되지 않은 접근법을 함께 브레인스토밍하는 거죠. 예를 들어 마케팅 전문가라면 '우리 업계에서 아직 활용되지 않은 소셜미디어 플랫폼의 특성은 무엇일까?'라고 AI와 함께 탐구해보세요. AI의 광범위한 지식과 당신의 전문성이 만나면, 기존 프레임워크 안에서도 전혀 새로운 발견이 가능합니다.

변혁적 창의성은 가장 조심스럽게 접근해야 할 영역입니다. 여기서는 AI를 '사고의 도전자'로 활용하세요. 당신이 당연하다고 여기는 모든 전제를 AI에게 질문해보는 거예요. '내가 속한 산업의 가장 기본적인 가정이 틀렸다면 어떨까?'라고 물어보고, AI의 답변에서 패러다임 전환의 씨앗을 찾아보세요. 하지만 기억하세요. 진정한 변혁적 창의성은 AI가 아니라, 여전히 인간의 직관과 용기에서 나온다는 것을요.

가장 중요한 건 '창의적 다양성'을 의식적으로 추구하는 것입니다. 앞에서 살펴본《사이언스 어드밴시스》에서의 연구가 경고하듯, AI와 함께 창작할 때는 의도적으로 다른 사람들과 다른 길을 택해야 합니다. 같은 AI 도구를 사용하더라도, 다른 질문을 던지고, 다른 맥락에서 접근하고, 다른 분야의 지식과 연결시키는 것이죠.

결국 AI 시대의 창의성은 기계와의 경쟁이 아니라 협력에서 나옵니다. AI가 제공하는 무한한 조합의 가능성과 탐험의 속도를 활용하되, 변혁적 창의성과 진정한 다양성은 여전히 우리 인간의 몫으로 남겨두는 것입니다.

앞서 데미스 허사비스가 말했듯이, AI의 창의성을 논하기 전에 인간의 창의성부터 이해해야 합니다. 그리고 이제 우리는 마거릿 보든이 그려준 지도를 들고, AI라는 새로운 동반자와 함께 창의성이라는 미지의 영역을 탐험할 준비가 되었습니다.

그런데 미지의 영역을 탐험할 때 우리가 반드시 기억해야 할 것이 있습니다. 바로 창의성의 세계에는 명확한 법칙이나 예측 가능한 패턴이 항상 존재하지는 않는다는 점입니다. 때로는 아주 간단한 규칙만으로도 복잡한 혼돈과 질서가 공존하는 놀라운 현상이 나타날 수 있죠. 이를 이해하는데 아주 좋은 예시가 바로 랭턴의 개미(Langton's ant) [11]입니다.

랭턴의 개미는 컴퓨터 시뮬레이션의 일종으로, 아주 간단한 규칙으로 움직이는 가상의 개미가 있습니다. 이 개미는 바둑판 모양의 격자 위에서 움직

---

[11] 랭턴의 개미는 1986년 미국의 컴퓨터 과학자 크리스토퍼 랭턴(Christopher Langton)이 제안한 간단한 규칙을 기반으로 움직이는 컴퓨터 시뮬레이션입니다. C. G. Langton, Studying artificial life with cellular automata, *Physica D: Nonlinear Phenomena*, 22 (1-3): 120-149, 1986. https://gwern.net/doc/cs/cellular-automaton/1986-langton.pdf

이는데, 칸의 색깔에 따라 이동 방향을 결정합니다. 흰색 칸에서는 오른쪽으로 90° 회전한 후 검은색으로 칸을 바꾸고 앞으로 한 칸 움직이고, 검은색 칸에서는 왼쪽으로 90° 회전한 후 흰색으로 칸을 바꾸고 앞으로 한 칸 움직입니다. 이 단순한 규칙에도 불구하고 초기에는 규칙적인 패턴을 만들다가 어느 순간 갑자기 혼돈 상태로 들어가며, 수천 번 반복 후에는 마치 고속도로 같은 명확한 패턴이 나타납니다. 그러나 이 패턴이 언제 어떻게 나타날지는 예측하기 어렵습니다. 이런 현상을 계산 불가약성(computational irreducibility)이라고 합니다.

랭턴의 개미(https://haebom.github.io/Langton/)

이런 계산 불가약성은 단지 랭턴의 개미에만 국한된 이야기가 아닙니다. 사실 우리가 일상적으로 접하는 AI 기술에서도 유사한 현상이 발견됩니다. 그 대표적인 사례가 바로 딥러닝과 생성형 AI입니다.

겉보기엔 매우 정교하고 복잡해 보이는 이 기술들도, 근본적으로는 데이터를 기반으로 한 단순한 연산과 통계적 규칙들의 반복에 불과합니다. 하지만 수백억, 수천억 개의 매개변수가 얽히고 설키는 순간, 그 내부에서 정확히 무슨 일이 일어나고 있는지 명확히 설명하기가 매우 어려워집니다. 즉, 랭턴의 개미가 가진 '간단한 규칙에서 비롯된 예측 불가능성'이라는 특징을 딥러닝 역시 그대로 가지고 있는 셈입니다.

이렇게 복잡한 내부 구조로 인해, 딥러닝과 생성형 AI는 종종 예측 불가능한 결과를 내놓습니다. 데이터가 편향되거나 악의적인 적대적 공격(adversarial attack)에 쉽게 무너지기도 하죠. 심지어, 학습한 데이터를 바탕으로 전혀 존재하지 않는 사실을 마치 진짜처럼 자신 있게 생성하는 환각(hallucination) 문제도 발생합니다.

결국, 이런 사례들은 인공지능과 복잡한 시스템을 다룰 때 명확한 설명 가능성과 예측 가능성이 얼마나 중요한지를 우리에게 다시금 상기시킵니다. 앞으로 우리는 간단한 규칙과 복잡한 결과라는 특성을 이해하고, 신뢰할 수 있으며 설명 가능한 AI 모델을 개발하는 방향으로 나아가야 합니다.

이 두 예시는 우리에게 인공지능과 복잡한 시스템을 다룰 때 예측과 설명 가능성이 얼마나 중요한지를 보여줍니다. 앞으로는 명확한 규칙과 AI를 결합해 더 신뢰할 수 있고 이해하기 쉬운 모델을 개발하는 것이 중요합니다.

핵심요약

- **마거릿 보든의 창의성 분류**
  조합적 창의성(combinational creativity): 기존 아이디어를 새로운 방식으로 결합
  탐험적 창의성(exploratory creativity): 주어진 개념적 공간 안에서 미발견 가능성 탐색
  변혁적 창의성(transformational creativity): 개념적 틀 자체를 재정의하여 새로운 패러다임 창출

- **AI의 조합적 강점**
  DALL·E, 미드저니, Sora 등은 뛰어난 조합 능력을 갖췄다.

- **사회적 딜레마**
  MIT·하버드 연구에 따르면, AI 활용이 개인의 창의성과 작품 품질을 높이지만 전체적 다양성은 감소시킨다.

- **AI 활용 전략**
  1. 아이디어 믹서로서 조합적 창의성 활용: AI가 제안한 조합을 출발점으로 변주한다.
  2. 탐험 파트너로서 탐험적 창의성 활용: 규칙 내 미개척 영역을 함께 탐색한다.
  3. 사고의 도전자로서 변혁적 창의성 활용: 기본 가정을 AI에게 질문하며 패러다임 전환의 씨앗을 탐색한다.

- **계산 불가약성**
  랭턴의 개미가 보여준 '간단한 규칙에서 예측 불가능한 복잡성'처럼, 딥러닝 내 복잡한 상호작용도 설명·예측이 어려워 환각·적대적 공격 등의 문제가 발생한다. 명확한 규칙과 설명 가능성을 결합해 예측 가능하고 투명한 AI 모델이 필요하다.

질문들

1. 조합적 창의성의 활용
- AI가 제시한 기발한 아이디어 조합(예: 클래식 음악가가 만든 K-팝 댄스 루틴)을 실제 프로젝트나 발표에 어떻게 응용해 볼 수 있을까요?

2. 탐험적 창의성의 발굴
- 당신의 전문 분야에서 아직 시도되지 않은 '개념적 공간'을 하나 정의하고, AI와 함께 탐험할 수 있는 질문을 설계해보세요.

3. 변혁적 창의성의 가능성
- '내가 당연하다고 여기는 가정 중 하나를 AI에게 뒤집어보라'고 요청했을 때, 기대하지 않았던 통찰을 얻기 위해 어떤 형태의 프롬프트를 작성할 수 있을까요?

4. 사회적 딜레마 극복
- MIT·하버드 연구가 지적한 '창의성의 획일화'를 방지하기 위해, AI 활용 시 어떤 전략적 선택(도구, 맥락, 질문 방식 등)을 의도적으로 취해야 할까요?

5. 계산 불가약성의 이해와 대처
- 랭턴의 개미와 AI 딥러닝 모델의 공통점은 무엇이며, 이러한 예측 불가능성을 다루기 위해 어떤 설명 가능성(explainability) 기법을 도입할 수 있을까요?

6. 신뢰할 수 있는 AI 디자인
- 단순한 규칙 기반 로직과 복잡한 딥러닝을 결합해 '투명한' AI 시스템을 설계하려면 어떤 요소(인터페이스, 로그, 검증 절차 등)가 필요할까요?

5장. 정보의 소비자인가, 의미의 생산자인가

2025년, 구글의 CEO 순다르 피체이(Sundar Pichai)는 렉스 프리드먼(Lex Fridman)의 팟캐스트에 출연해 이런 말을 합니다. 'AGI(일반 인공지능)'니 'ASI(초지능)'니 하는 용어 논쟁보다 훨씬 중요한 것은, 우리 눈앞에서 벌이지고 있는 기술 그 자체의 발전이라고요. 그는 "우리는 지금 AGI로 향하는 긴 여정의 중간 어딘가에 있다"고 말하며, 자율주행차나 멀티모달 AI 같은 기술들이 이미 우리 일상에 깊숙이 녹아들고 있는 현실을 짚었습니다. 그러면서 논쟁의 초점을 'AGI가 언제 오는가'에서 '이 거대한 기술적 진보가 가져올 긍정적, 부정적 외부효과를 우리가 어떻게 감당할 것인가'로 옮겨야 한다고 역설했죠. 그의 예언은 서늘했습니다. "2030년까지 엄청난 진보가 있을 것이며, 우리는 그 결과와 직접 마주하게 될 것입니다."

사실 이런 경고는 새로운 게 아니었습니다. 소프트뱅크의 손정의 회장은 이미 2019년에 한국을 찾아, 미래를 단 세 마디로 요약하고 떠났습니다. "첫째도 AI, 둘째도 AI, 셋째도 AI." [12] 그는 한국이 가진 세계 최고의 IT 인프라와

---

[12] 손정의 회장은 2019년 7월 4일 한국을 방문해 문재인 대통령과 기업인들을 만난 자리에서 인공지능(AI)의 중요성

아이디어를 빠르게 사업화하는 능력을 높이 평가하며 한국의 AI 생태계가 가진 엄청난 잠재력을 이야기했죠.

2024년 실리콘밸리에서는 'AI 랩(AI wrap)'이라는 조롱 섞인 신조어가 유행합니다. 자체 기술 없이 오픈AI나 구글의 API를 가져다 그럴듯하게 포장(wrap)만 한 스타트업을 비꼬는 말이죠.

그런데 여기서 우리는 하나의 거대한 역설과 마주하게 됩니다. AI 기술의 심장이자 모든 혁신의 시작점이었던 구글조차, 한순간에 이 'AI 랩'들처럼 경쟁자가 만든 게임의 룰을 따라가는 절박한 추격자의 위치로 내몰렸다는 사실입니다.

때는 2022년 12월, 구글 내부에 '코드 레드(code red)' 비상사태가 선포됩니다. 오픈AI가 챗GPT를 2022년 10월 세상에 공개하며 시장에 기습적인 카운터펀치를 날린 직후였죠. 사람들은 '구글 검색의 종말'을 이야기하기 시작했습니다. 구글의 심장을 정조준한 완벽한 공격이었습니다.

가장 큰 아이러니는 무엇인지 아시나요? 당시 구글은 이미 LaMDA라는, 챗GPT보다 훨씬 강력할지도 모를 언어 모델을 손에 쥐고 있었습니다. 오늘날 AI 혁명을 이끈 '트랜스포머' 아키텍처를 발명한 곳도 바로 구글이었습니다. 하지만 그들은 망설였습니다. 완벽하지 않다는 이유로, 혹시 모를 위험이 있다는 이유로, 자신들이 낳은 위대한 발명품을 대중에게 공개하기를 주저했습니다. 그 오만한 완벽주의가 낳은 대가는 처참했습니다.

구글의 주가는 속절없이 곤두박질쳤고, 은퇴했던 공동 창업자까지 다급

을 여러 차례 강조했습니다. 그는 특히 "앞으로 한국이 집중해야 할 세 가지는 첫째도 AI, 둘째도 AI, 셋째도 AI"라고 언급하며, 인공지능이 국가 경쟁력과 경제 발전의 핵심이라고 역설했습니다. http://webarchives.pa.go.kr/19th/www.president.go.kr/articles/6786

하게 회사로 복귀했습니다. '100일 안에 경쟁 제품을 만들라'는 불가능에 가까운 특명이 떨어졌고, 그렇게 탄생한 '바드(Bard)'는 서두른 출시만큼이나 끔찍한 재앙이었습니다. 공개 시연회에서 치명적인 오답을 내뱉는 바람에, 하룻밤 사이에 시가총액 130조 원이 허공으로 증발했습니다.

세상에서 가장 방대한 데이터를 가졌고, 최고의 기술을 발명했던 구글은, 자신들이 만든 기술의 파도 위에서 허우적대며 경쟁자가 정의한 시장을 뒤쫓는 '정보의 소비자'로 전락하고 만 것입니다.

하지만 이 이야기는 여기서 끝나지 않습니다…

불과 1년여 뒤인 2025년 구글 I/O 무대에서, 구글은 보란 듯이 AI 혁신의 정점을 보여주며 시대의 주도권을 되찾아오기 위한 대반격을 시작합니다. 제미나이 2.5 시리즈는 LMArena와 같은 권위 있는 벤치마크에서 당당히 최첨단 성능을 기록했고, Deep Think 모드는 인간 전문가도 풀기 어려운 복잡한 수학과 코딩 문제를 해결하는 능력을 과시했죠.

뿐만 아니라, 100만 토큰이라는, 이전에는 상상조차 어려웠던 콘텍스트 창의 한계를 열어젖혔습니다. 이는 책 몇 권 분량의 정보를 한 번에 이해하고, 긴 영상이나 오디오, 복잡한 코드 전체를 아우르며 대화하는 진정한 '멀티모달 AI'의 등장을 의미했습니다. 순다르 피차이는 내부 지표를 공개하며 이렇게 밝혔습니다. "레드먼드(마이크로소프트)의 개발자들은 AI 덕분에 약 10% 더 생산적이 되었고, 우리 코드베이스의 30%는 이미 AI로 생성되고 있습니다." 이것은 더 이상 단순한 실험이 아닙니다. 실질적인 비즈니스와 개발의 인프라 자체가 뿌리부터 혁신되고 있다는 명백한 증거였습니다.

그럼에도 불구하고, 피체이는 현재를 '인공 톱니 지능(artificial jagged intelligence, AJI)'의 단계라고 명명합니다. [13] 이 표현이야말로 거인의 고뇌와 성찰이 담긴, 우리가 주목해야 할 핵심입니다. '톱니 지능'이란, AI가 어느 순간에는 천재처럼 번뜩이는 지능을 보여주지만, 다른 순간에는 아주 기본적인 부분에서 어이없는 실수를 저지르는, 지금의 들쭉날쭉한 상태를 냉정하게 인정한 것입니다. 그는 AGI로 향하는 긴 여정 위에서, 장밋빛 미래와 치명적인 함정을 동시에 준비해야 한다는 메시지를 던진 셈입니다.

자, 이제 타임머신을 타고 2015년으로 돌아가 보죠. 훗날 챗GPT를 만들게 될 샘 올트먼(Sam Altman)은 당시 실리콘밸리 최고의 창업 인큐베이터인 Y Combinator의 블로그에 '스타트업 플레이북'[14]이라는 글을 올립니다. 그는 거기서 이렇게 말했습니다.

"수많은 사용자가 그저 좋아하는 제품보다는, 소수의 사용자가 '정말 사랑하는' 제품을 먼저 만드는 것이 훨씬 낫습니다."

그리고 그는 '허영심 지표(vanity metrics)'라는 개념을 강조하며 이렇게 덧붙였습니다.

"다운로드 수나 웹사이트 방문자 수처럼 겉보기에만 좋은 수치에 매몰되지 마세요. 기억하세요. 훌륭한 제품을 만들지 못하면 다른 어떤 것도 여러분을 구원할 수 없습니다."

샘 올트먼의 철학은 지독할 만큼 간단하고 명료했습니다. 완벽한 이론이

---

[13] 'Sundar Pichai: CEO of Google and Alphabet | Lex Fridman Podcast #471', 2025. https://www.youtube.com/watch?v=9V6tWC4CdFQ

[14] 스타트업 플레이북은 샘 올트먼이 Y Combinator 시절인 2014~2019년에 전 세계 초기 스타트업 창업자들을 위해 정리한 짧은 가이드입니다. https://playbook.samaltman.com/

나 거창한 계획이 아니라, 불완전하더라도 일단 세상에 내놓고 사용자와 직접 부딪치며 미친 듯이 개선하고 실행하는 것이 전부라는 것이죠.

    놀랍게도 AI 분야에서도 이와 유사한 현상이 일어나고 있습니다. 최근 스탠퍼드 대학이 수행한 한 연구는 미국 노동자 1,500명에게 844개의 직무 과업을 평가하게 하고, 동시에 AI 전문가 52명이 각 과업의 자동화 가능성을 기술적으로 판단한 결과를 발표했습니다.[15] 이 연구는 과업들을 네 가지로 분류했는데, 기술적으로 가능하고 사용자들이 원하는 '녹색 구역(Green Light Zone)'과 사용자들이 원하지만 기술적 어려움이 있는 'R&D 구역', 기술적으로는 가능하지만 사용자가 원하지 않는 '적색 구역(Red Light Zone)', 마지막으로 기술적으로도 어렵고 사용자들도 원치 않는 '낮은 우선순위 구역(Low Priority Zone)'으로 나누었습니다.

---

15 Stanford University, Future of Work with AI Agents. *Stanford SALT Lab*, 2025. https://futureofwork. saltlab.stanford.edu/

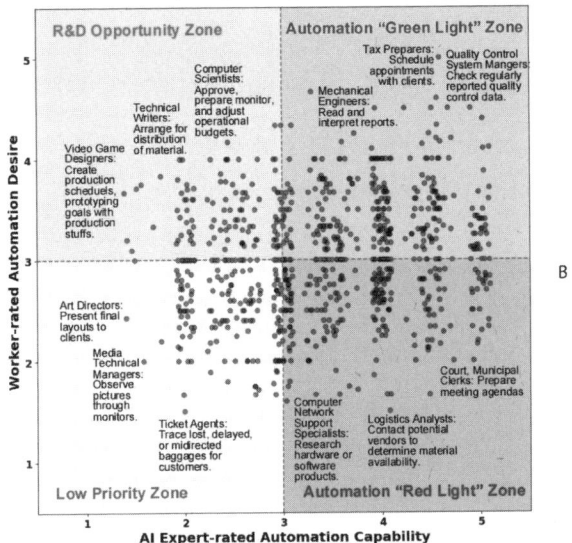

AI 에이전트를 활용한 업무의 미래[16]

놀랍게도 AI 스타트업 투자 중 무려 41%가 화려하고 주목받기 쉽지만 사용자들의 실제 욕구와는 동떨어진 '적색 구역(우측 하단)'과 '낮은 우선순위 구역(좌측 하단)'에 집중되어 있었습니다. 반면, 사용자들이 간절히 원하고 현실적으로 가치 있는 '녹색 구역(우측 상단)'과 기술 발전이 필요한 'R&D 구역(좌측 상단)'은 상대적으로 외면받고 있었습니다. 결국 AI 기술이 발전하는 동안, 실제 사람들의 욕구와 현실적 필요는 무시된 채 허영심 지표에 매몰된 투자가 이뤄지고 있었던 것이죠.

---

16 Y. Shao et al., Future of Work with AI Agents: Auditing Automation and Augmentation Potential across the U.S. Workforce. arXiv:2506.06576

이제 우리에게 필요한 질문은 더 이상 "AI가 무엇을 할 수 있느냐"가 아니라, "사람들이 AI가 무엇을 해주길 원하는가"라는 점입니다. 사용자의 진짜 욕구에 귀를 기울이고, 허영심 지표를 버리고, 실질적인 가치를 제공하는 제품과 서비스를 만드는 것. 이것이 바로 샘 올트먼이 강조한 스타트업 정신이며, 동시에 AI가 나아가야 할 방향이기도 합니다.

이 두 이야기는 우리에게 훨씬 더 복잡하고 중요한 질문을 던집니다.

구글은 한때 세계 최고의 '정보의 생산자'였지만, 완벽주의와 거대 조직의 관성이라는 함정에 빠져 시장의 흐름을 놓쳤고, 순식간에 경쟁자가 만든 의미를 좇는 '소비자'의 역할로 밀려났습니다. 하지만 그들은 절치부심하여 다시 기술의 최전선으로 복귀하며, 자신들이 잠시 빼앗겼던 '의미의 생산자' 자리를 되찾기 위한 전쟁을 벌이고 있습니다.

이것이 우리에게 말해주는 것은 무엇일까요? 바로 기술을 가졌다고 해서 **저절로 '생산자'가 되는 것이 아니며, 잠시 '소비자'의 위치에 떨어졌다고 해서 영원히 패배하는 것도 아니라는 사실**입니다. 중요한 것은 내가 지금 어디에 서 있는지를 끊임없이 자각하고, '의미의 생산자'가 되기 위한 치열한 싸움을 멈추지 않는 것입니다.

이제 우리 자신에게 물어야 합니다. AI가 쏟아내는 정보의 파도 앞에서 그저 떠내려가는 '정보의 소비자'로 남을 것인가, 아니면 그 파도를 타고 자신만의 의미를 창조하기 위해 끊임없이 싸우는 '의미의 생산자'가 될 것인가?

AI 시대의 생존은 기술의 소유 여부가 아니라, 이 역동적인 전쟁터에서 나의 위치를 재정의하려는 관점의 전환과 투쟁에서 시작됩니다. 진정한 생산자가 되는 길은 바로 이 지점에서 출발합니다.

지금 우리가 던져야 할
가장 중요한 질문

레버리지(leverage)란 무엇일까요? 입력(input)의 작은 변화, 심지어 거의 변화가 없더라도 출력(output)을 극대화하는 메커니즘입니다. 이 원리는 고전 역학의 지렛대 원리뿐 아니라 우리 삶의 모든 영역에 적용될 수 있습니다. 그런데 많은 사람들이 놓치는 부분이 있습니다. '어떻게 입력을 늘릴까?'라는 질문보다 더 중요한 것은, '입력을 거의 늘리지 않고도 어떻게 출력을 극대화할 수 있을까?'입니다. 이것이 바로 레버리지의 핵심이며, 우리가 AI를 활용할 때 잊지 말아야 할 본질적 질문입니다.

인공지능이 놀랍도록 발전하고 있지만, 진화가 우리에게 미리 장착해주지 않은 무언가가 있다면, 그것이야말로 진정한 레버리지의 시작점이 될 수 있습니다. 이미 배운 것을 학습하는 비용은 점점 싸지고 있지만, 진정한 희소성은 새로운 것을 탐구하는 호기심과 동기 같은 내적 특성에 있습니다. 아무리 학습 비용이 낮아져도, 새로운 개념을 받아들이는 데는 여전히 심리적 불편함과 도전감이 존재합니다. 그런 상황에서 '그래도 궁금하니까 해봐야겠다'는 내적 동기가 가장 강력한 레버리지로 작용합니다.

이제 AI 에이전트를 한번 상상해봅시다. 2025년 이후 AI 에이전트는 우리가 생각하는 '인적 노동'과 '소프트웨어'를 결합한 가장 흥미로운 연구 영역이 될 것입니다. 예를 들어, 'Deep Research' 같은 도구는 이미 그 가능성을 보여주고 있습니다. 이 도구는 단순히 작업을 대신해주는 것을 넘어, 출력을 극적으로 향상시키는 복제 가능한 무허가(허락이 필요 없는) 합성 레버리지 형태로 발전하고 있습니다. 이런 에이전트를 잘 활용하면, 소수의 인원으로 거대한 가치를 만들어낼 수 있습니다. 10명이 수억 달러 매출을 올리는 스타트업이 가능한 이유가 바로 여기에 있습니다.

그러나 여기서 우리가 놓치지 말아야 할 것은, AI가 모든 문제를 자동으로 해결해주지는 않는다는 점입니다. 우리는 역사적으로 병목에 부딪힐 때마다 그것을 뚫고 나갈 새로운 도구를 만들어 왔습니다. 이 시대에 그 도구는 분명 AI일 것입니다. 하지만 AI가 할 수 있는 것은 결국 기존 지식을 빠르게 통합하는 일이며, 진정으로 새로운 가치를 창조하는 일은 여전히 인간의 몫입니다.

AI가 중요하다는 사실은 누구나 알고 있습니다. 하지만 정말 중요한 질문은, '우리가 AI가 제공하는 가능성을 과소평가하고 있는 것은 아닌가?'입니다. AI가 우리에게 제공하는 새로운 레버리지 형태는 지금 우리가 상상하는 것보다 훨씬 더 크고 심오한 변화를 가져올 수 있습니다. 이 거대한 변화 속에서 우리가 할 일은, AI를 단순한 정보 공급자가 아니라 우리의 과학적 진보와 창의적 사고를 증폭시키는 진정한 지적 파트너로 인식하고 활용하는 것입니다.

핵심 요약

- **정보 소비 vs. 의미 생산**
  단순히 AI·검색에서 쏟아지는 정보만 받아들이는 '소비자'가 될 것인지, 그 정보를 가공해 새로운 의미를 창조하는 '생산자'가 될 것인지를 묻는다.

- **외부효과 관리**
  순다르 피체이는 'AGI 도래 시기' 논쟁보다 '이 기술 진보가 낳을 긍정·부정 외부효과를 어떻게 감당할 것인가'가 더 중요하다고 강조했다.

- **완벽주의의 함정**
  구글이 LaMDA를 공개하지 못했던 것은 '완벽하지 않다'는 두려움 때문이었고, 결과적으로 시장 주도권을 잠시 잃었다.

- **인공 톱니 지능(Artificial Jagged Intelligence)**
  천재적 순간과 엉뚱한 실수 사이를 오가는 현단계 AI를 가리키며, AGI로 가는 여정에서 장밋빛 전망과 위험 모두를 경계해야 함을 시사한다.

- **의미의 생산자 전환점**
  샘 올트먼의 '정말 사랑받는 제품' 철학과 '허영심 지표' 경고는, 기술 자체보다 '사람들이 진짜 원하는 것'을 제공해야 지속 가능한 경쟁력을 갖춘다는 교훈을 준다.

- **AI 업무 자동화의 우선순위**
  이에 관한 스탠퍼드 대학교의 연구는 실제 필요(녹색 구역·R&D 구역)가 아닌, 화려하지만 불필요한 영역(적색·낮은 우선순위)에 투자·개발이 치중되고 있음을 드러냈다.

질문들

1. 소비자 vs. 생산자 자가진단
- 최근 프로젝트나 학습에서 AI·검색 결과를 그대로 받아들인 경험과, 그 정보를 가공해 스스로 의미를 만들어 낸 경험을 각각 떠올려 보세요. 두 경험의 차이는 무엇이었나요?

2. 외부효과 수용 전략
- AI 기술이 가져온 긍정적·부정적 외부효과 중 당신이 가장 우려하는 한 가지는 무엇이며, 그것을 완화하기 위해 개인·조직 수준에서 어떤 노력을 할 수 있을까요?

3. 완벽주의와 시장 대응
- 구글이 '완벽함' 때문에 중요한 기술을 공개하지 못했던 사례에서, 당신의 조직이나 학습 환경에서 '완벽'을 추구하다가 기회를 놓친 경험이 있다면 무엇인가요?

4. 인공 톱니 지능 관리법
- AI의 '들쭉날쭉한' 성능을 다룰 때, 오류를 최소화하고 안정적 결과를 얻기 위해 어떤 모니터링·검증 절차를 설계할 수 있을까요?

5. 진짜 욕구 파악
- 샘 올트먼이 강조한 '사람들이 정말 사랑하는 제품'을 만들기 위해, 당신이 속한 분야에서 사용자 진짜 욕구를 탐색할 수 있는 조사·실험 방법은 무엇일까요?

6. AI 자동화 우선순위 재정의
- 스탠퍼드 대학교의 연구에서 분류한 '녹색·R&D·적색·낮은 우선순위'를 적용해, 당신의 업무나 학습 과제 중 '녹색 구역'에 속하는 항목을 하나 선정하고, 우선적으로 AI로 지원받을 방안을 구체적으로 설계해보세요.

2부

원리를
연마하라:
대체되지 않는
인간 고유의
역량

150여 년 전, 카를 마르크스(Karl Marx)는 런던 대영박물관에서 책을 한 권 씁니다. 이 책에는 아래와 같은 문장이 등장합니다. 이는 당시 산업혁명으로 역동적으로 움직이고 있던 영국에 경종을 울리는 문상이기도 했습니다.

"노동의 도구는 노동자를 무너뜨린다. 이 둘 사이의 직접적인 적대감은 새로 도입된 기계가 이전 시대부터 전해 내려오는 수공예품이나 제조업과 경쟁할 때마다 가장 강하게 드러난다(The instrument of labour strikes down the labourer. This direct antagonism between the two comes out most strongly, whenever newly introduced machinery competes with handicrafts or manufactures, handed down from former times)."[1]

당시 마르크스가 목격했던 증기기관과 방직기는 이전과는 비교할 수 없

---

1 《자본론 1 (상)》(비봉출판사, 2015)

는 효율로 생산을 가능케 했지만, 그 대가로 수많은 수공업자의 삶을 벼랑 끝으로 내몰았습니다. 그리고 지금, 우리는 그 방직기와는 비교조차 할 수 없을 만큼 강력한 기술인 인공지능이 초래할 거대한 변화를 바로 눈앞에서 목도하고 있습니다.

기술 발전이 인간의 자리를 위협하는 역사는 지겹도록 반복되어 왔습니다. 모스의 전신 기술은 '전신기사'라는 새로운 직업을 낳았지만, 전화기의 등장은 그들을 과거의 유물로 만들었고, 전화교환원은 차가운 자동교환기 앞에서 소리 없이 자취를 감췄습니다. 심지어 우주 경쟁 시대에 NASA의 두뇌 역할을 했던 '인간 컴퓨터'들조차, 전자컴퓨터의 압도적인 성능 앞에 자신들의 자리를 내주고 역사의 뒤안길로 사라져야 했습니다.

NASA에서 약 33년간 근무하며 복잡한 수학적 계산 작업으로 공로를 인정받은 캐서린 존슨

그런데 이 변화가 너무 급작스럽고 파괴적이었을 때 사람들은 어떤 반응을 보였을까요? 1811년, 영국 노팅엄셔의 어둠이 내린 어느 날 밤, 얼굴을 가

린 한 무리의 남자들이 공장으로 몰려들었습니다. 그들의 손에는 망치와 도끼가 들려 있었죠. 방직기를 때려 부수는 소리가 밤공기를 가르자, '네드 러드(Ned Ludd)'라는 신비로운 인물의 이름을 외치며 그들은 사라졌습니다.

이것이 바로 '러다이트 운동'의 시작이었습니다. 1811년부터 1816년까지 6년간 계속된 이 운동은 단순한 기계 파괴가 아니었어요. 숙련된 직조공들이 자신들의 일자리를 빼앗은 방직기에 대항해 벌인 조직적인 저항이었죠. 가만히 보면, 그들은 무차별적으로 모든 기계를 파괴하지 않았습니다. '부정하고 기만적인 방식으로 사용되는' 기계만을 골라서 파괴했다고 하니, 나름의 신념과 기준 그리고 행위의 정당성을 스스로 부여한 것으로 보여집니다.

다만, 영국 정부의 대응은 가혹했습니다. 기계 파괴를 사형에 처할 수 있는 법안을 통과시켰고, 군대를 파견해 진압에 나섰어요. 하지만 결국 이 운동은 노동자들에게 단결권과 단체교섭권을 부여하는 계기가 되었고, 차티스트 운동(Chartist movement)이라는 더 큰 정치적 변화로 이어졌습니다.

그런데 기술에 대한 저항이 어떻게 잘못된 방향으로 갈 수 있는지 보여주는 더 극적인 사례가 있어요. 바로 1865년 영국의 '적기조례(Red Flag Act)'입니다.

상상해보세요. 시속 30 km로 달릴 수 있는 자동차 앞에서 한 사람이 붉은 깃발을 들고 55미터 앞을 걸어가는 모습을요. 시내에서는 시속 3.2 km, 시외에서도 고작 6.4 km로만 달릴 수 있게 제한한 거죠. 이게 바로 세계 최초의 교통법이라니, 아이러니가 아닐 수 없습니다.

마부들이 "마차를 끄는 말이 자동차에 놀라 날뛴다"며 항의하자, 빅토리아 여왕은 이 어처구니없는 법을 만든 거예요. 30년간 지속된 이 규제 때문에 산업혁명의 본고장 영국은 오히려 독일, 프랑스, 미국에 자동차 산업 주도권을 내주고 말았습니다. 기술 발전을 억누르려는 시도가 얼마나 역효과를 낳는지 보여주는 대표적인 사례죠.

하지만 바로 이 지점에서, 우리는 이야기의 진짜 주인공을 만나게 됩니다. 변화의 주도권이 온전히 기술에만 있지 않다는 것을 증명한 사람들의 이야기 말입니다. 1930년대 대공황의 절망 속에서, 시리얼 회사 켈로그는 기술 발전의 이윤을 노동자와 나누는 위대한 실험을 감행했습니다. 근무 시간을 단축하면서도 임금을 유지한 이 정책은, 놀랍게도 생산성을 높이고 사고율을 낮추었으며, 노동자들의 삶의 질까지 극적으로 향상시켰습니다.

최근 오픈AI의 CEO 샘 올트먼이 진행한 기본소득 실험 역시 같은 것을 말하고 있습니다. 기술 발전의 성과를 사회 전체와 공유했을 때, 사람들은 더 나은 삶과 더 높은 수준의 사회적 참여를 보여주었습니다. 이 두 사례는 명백한 사실을 우리에게 알려줍니다. 문제는 기술 그 자체가 아니라, 그것을 어떻게 활용하고 그 성과를 어떻게 분배하느냐에 달려있다는 것을요.

우리가 어떤 기술을 선택하고 받아들일지 결정하는 것 또한 결국 우리 자신입니다. 우버와 에어비앤비의 등장은 기존 산업의 거센 저항에 부딪혔지만, 결국 소비자의 선택이 새로운 경제 질서를 참조했습니다.

이제 인공지능 시대에, 우리는 스스로에게 다시 질문해야 합니다. 엔비디아 CEO 젠슨 황(Jensen Huang)이 2023년 국립 타이완 대학 졸업식 축사에서 한 말[2]이 그 핵심을 꿰뚫습니다.

"사람들은 인공지능 때문에 일자리를 잃는 것이 아닙니다. 인공지능을 더

---

2 'Jensen Huang NVidia CEO NTU Commencement Speech' https://www.youtube.com/watch?v=_Ewkal7s3g

잘 활용하는 사람에게 일자리를 잃게 될 것입니다."

젠슨 황의 이 한 마디는 정말 폭탄선언이었습니다. 2024년 두바이에서 열린 세계정부정상회의에서는 더 나아가 "더 이상 아이들에게 코딩을 가르칠 필요가 없다"고까지 말했죠. AI가 모든 걸 대신해줄 테니, 코딩 배울 시간에 생물학, 교육, 제조업, 농업 같은 전문 분야를 익히라는 거예요.[3]

하지만 이 말의 진짜 의미는 뭘까요? 젠슨 황은 계속해서 "인간이 바로 프로그래밍 언어다"라고 강조합니다. C++나 파이썬 같은 언어는 소수만 다룰 수 있지만, 인간의 자연어는 모든 사람이 사용할 수 있다는 거죠. AI를 '위대한 평준화 도구(great equalizer)'라고 부르는 이유가 여기에 있습니다.

실제로 젠슨 황의 예측이 맞아떨어지고 있습니다. 최근 CES 2025에서 그는 "AI에 필요한 연산량이 작년 예상의 100배에 달한다"고 발표했습니다. 생성형 AI에서 추론형 AI로, 그리고 이제는 "처리와 추론, 계획과 행동이 가능한 물리적 AI" 시대로 접어들고 있다는 거죠.

그렇다면 이 변화 속에서 인간은 어떤 역할을 해야 할까요? 젠슨 황의 말처럼 '모든 사람이 AI 어시스턴트를 갖게 될 것'이라면, 우리는 그 AI와 어떻게 협력해야 할까요?

그의 말은, 즉 AI가 잘하는 계산이나 암기가 아니라, 창의성, 감성, 복잡한 문제 해결 능력 같은 인간 고유의 역량이 이전과는 비교할 수 없을 만큼 중요해졌다는 뜻입니다. 이는 로봇 공학자 한스 모라벡(Hans Moravec)이 일찍이 간파했던 '모라벡의 역설'과도 정확히 맥을 같이 합니다. AI는 고도의 연산은 쉽게 해내지만, 정작 인간의 섬세한 손기술이나 불확실한 상황에 대한 유연

---

[3] https://www.theregister.com/2024/02/27/jensen_huang_coders/

한 대응은 제대로 하지 못한다는 역설 말입니다.

1988년 한스 모라벡이 발견한 이 역설은 정말 놀라워요. '지능 검사나 체스에서 어른 수준의 성능을 발휘하는 컴퓨터를 만들기는 상대적으로 쉬운 반면, 지각이나 이동 능력 면에서 한 살짜리 아기만 한 능력을 갖춘 컴퓨터를 만드는 일은 어렵거나 불가능하다'는 거죠.[4]

실제로 어떤가요? 컴퓨터는 복잡한 수학 연산을 순식간에 해치우지만, 개와 고양이를 구분하는 것조차 어려워합니다. 아기는 생후 몇 주만 지나면 엄마가 파마를 했든 모자를 썼든 상관없이 엄마 얼굴을 알아보는데, AI는 점 하나만 달라도 같은 이미지로 인식하지 못하곤 하죠.

인지과학자 스티븐 핑커(Steven Pinker)가 2007년에 한 말이 이를 정확히 표현합니다. "35년 동안의 인공지능 연구가 주는 중요한 교훈은 어려운 문제는 쉽고, 쉬운 문제는 어렵다는 것이다. 새로운 세대의 지적인 장치가 등장함에 따라, 주식 분석가와 석유화학 공학자, 가석방위원회 위원은 기계로 대체될 위험에 처할 것이다. 반면에 정원사, 안내원, 요리사는 앞으로도 수십 년 동안 직장을 지킬 것이다."[5]

모라벡은 이 역설의 원인을 진화로 설명합니다. 인간의 감각과 운동 능력은 수억 년에 걸친 진화의 산물이지만, 추상적 사고는 고작 10만 년도 안 된 새로운 능력이라는 거죠. "인간 뇌의 크고 고도로 진화된 감각 및 운동 부분에는 세계의 본질과 그 안에서 생존하는 방법에 대한 10억 년의 경험이 인코딩되어 있다"고 그는 설명합니다.

---

4 《마음의 아이들》(김영사, 2011)
5 《언어본능》(동녘사이언스, 2008)

물론 기술 발전으로 이 역설이 점차 깨지고 있습니다. 딥러닝과 빅데이터 덕분에 AI의 이미지 인식 능력은 이미 인간을 넘어섰고, 보스턴 다이내믹스의 로봇들은 뒤로 공중제비를 돌며 착지하는 놀라운 모습을 보여주고 있죠.

하지만 여전히 AI가 넘기 어려운 영역들이 있습니다. 감정적 공감, 창의적 직관, 도덕적 판단, 복잡한 상황에서의 상식적 추론 같은 것입니다. 이런 능력들은 단순히 데이터를 많이 학습한다고 해결되지 않습니다.

결국 우리는 마르크스가 언급했던 '적대감(antagonism)' 속에서도 기술 자체를 거부할 것이 아니라, 기술이 대체할 수 없는 인간 고유의 역량을 키우고 그 성과를 현명하게 나누는 길을 찾아야 합니다.

젠슨 황이 말한 대로 AI는 '인류의 위대한 평준화 도구'가 될 수 있습니다. 프로그래밍과 창작의 진입장벽을 혁신적으로 낮추고 있기 때문입니다. 이제는 코딩을 몰라도 자연어로 AI에게 요청하기만 하면 복잡한 작업을 수행할 수 있는 시대가 왔습니다.

하지만 이것이 인간이 필요 없어진다는 뜻은 아닙니다. 오히려 AI와의 협력에서 인간만이 할 수 있는 역할이 더욱 중요해지고 있죠. 창의적 발상, 윤리적 판단, 감정적 소통, 직관적 통찰 같은 것입니다.

러다이트 운동이나 적기조례 같은 기술 저항의 역사를 돌아보면, 결국 기술의 힘을 막으려는 시도는 실패했습니다. 하지만 그 과정에서 인간의 권익을 보호하고 기술의 성과를 공정하게 나누려는 노력들은 의미가 있었죠.

AI 시대에도 마찬가지입니다. 기술 발전 자체를 막을 수는 없지만, 그 변화 속에서 인간다운 가치를 지키고 모든 사람이 혜택을 누릴 수 있는 방법을 찾는 것이 중요합니다.

그렇다면 그 '인간 고유의 역량'이란 구체적으로 무엇일까요? 이제부터 우리는 그 질문에 대한 첫 번째 답을 찾아 나서려 합니다. 모든 생각의 **뼈대를** 세우는 힘, 바로 '구조화'에 대한 이야기입니다.

6장. 생각의 설계도를 그리는 힘: 구조화

만약 당신이 AI가 내놓은 그럴듯한 답변에 만족하고 있다면, 당신은 이미 AI와의 게임에서 지고 있습니다.

1부에서 우리는 AI에게 그저 답을 구하는 '구걸자'의 위험성에 대해 이야기했습니다. 구걸자의 질문은 모호하고 즉흥적입니다. '좋은 아이디어 좀 줘', '이거 요약해줘', 이런 질문에 AI는 당신의 뇌에서 가장 게으른 '날림 일꾼(시스템 1)'이 작동할 때와 똑같은 수준의 결과물만 돌려줄 뿐입니다.

그렇다면 어떻게 AI를 당신의 가장 유능한 '엘리트 전략가(시스템 2)'로 만들 수 있을까요?

정답은 우리가 학창 시절 지겹도록 들었던 바로 그 단어, '구조화(structuring)'에 있습니다. '개요부터 짜라', '결론부터 말하라'던 그 지루한 규칙들이, AI 시대에 당신을 '구걸자'에서 '지휘자'로 바꿔놓을 가장 강력한 무기가 되어 화려하게 귀환했습니다.

구조화란 단순히 생각을 정리하는 기술이 아닙니다. 그것은 AI에게 '생각의 설계도'를 공유하는 것입니다. 당신이 원하는 목표(결론)가 무엇인지, 그 목표에 도달하기 위해 어떤 재료(근거)들이 필요한지, 그리고 그 재료들을 어떤 순서(논리)로 쌓아 올려야 하는지를 명확하게 지시하는 것입니다.

이 설계도가 없다면, AI는 그저 편리한 검색 엔진에 불과합니다. 하지만 당신이 건넨 설계도가 정교하고 단단할수록, AI는 당신의 의도를 정확히 실행하는 최고의 건축가이자 전략 파트너가 됩니다. 이제, 당신의 뇌 속에 잠들어 있던 이 설계도를 다시 깨우는 여정을 떠나려 합니다.

아마, 지금 살아가고 있는 대학생이 고대 그리스의 아리스토텔레스, 소크라테스보다 지식의 양은 풍성할 것입니다. 지금 대학에서 물리학을 가르치는 교수들은 아이작 뉴턴이나 제임스 줄보다 더 많은 지식을 가지고 있을 것입니다. 우리는 한번 떠올려보아야 합니다. 우리가 소위 위인이라고 부르는 이들이 단순히 지식이 방대해서 위인이 되었는지, 시대적 통찰과 자신만의 철학으로 위인이 되었는지를 말이죠.

AI 시대에 살아남으려면 뭘 배워야 하냐고 물으면, 많은 사람들이 마치 정답처럼 '프롬프트 엔지니어링'을 꼽습니다. 하지만 그 실체를 한 꺼풀만 벗겨보면, 우리가 마주하는 것은 낯선 신기술이 아닙니다. 바로 우리가 학창 시절부터 배웠던 '생각을 설계하고, 명확하게 전달하는 구조화 능력'입니다. 그저 세련된 새 옷을 입었을 뿐, 그 알맹이는 조금도 변하지 않았습니다.

그렇다면 질문이 생깁니다. 왜 우리는 이토록 중요한 능력을 이미 배웠음에도, 매번 새로운 기술 앞에서 길을 잃고 헤매는 걸까요? 그 답의 실마리를 노벨경제학상 수상자인 인지심리학자 대니얼 카너먼(Daniel Kahneman)에게서 찾을 수 있습니다. 그는 우리의 뇌가 두 가지 시스템으로 작동한다고 말했습니다.[6]

---

6 《생각에 관한 생각》(김영사, 2018)

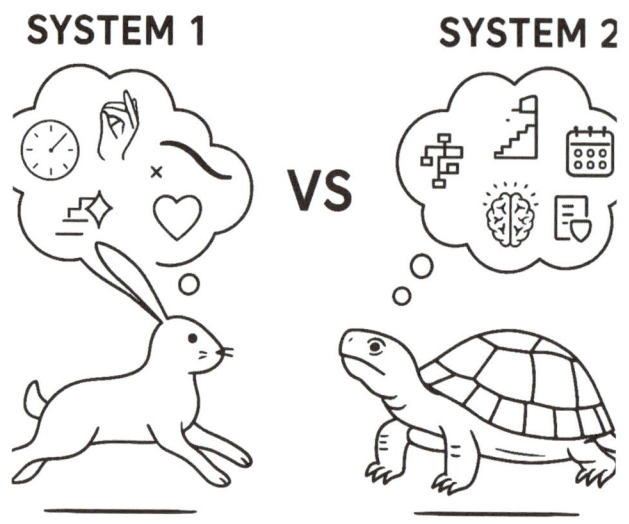

시스템 1은 빠른 우리의 직관을, 시스템 2는 느린 이성과 논리를 뜻한다.

    문제는 우리의 뇌가 지독할 정도로 에너지 효율을 추구하는 경향이 있어서 웬만하면 힘든 시스템 2를 작동시키기보다 쉽고 빠른 시스템 1에 의존하려 한다는 점입니다. 대니얼 카너먼의 유명한 '린다 문제' 실험에서도 이런 경향이 나타났습니다. 참가자들에게 "린다는 31세, 독신이고 똑똑하며 철학을 전공했으며 대학 시절 사회운동에 적극적으로 참여했다"고 소개한 후, '린다가 은행원일 확률'과 '페미니스트인 은행원일 확률' 중 어느 쪽이 더 높을지 묻자, 대부분이 후자를 선택했습니다. 하지만 이는 확률 법칙에 어긋납니다. '페미니스트이자 은행원'은 '은행원'의 하위집합이기 때문에 확률적으로 더 낮아야 합니다. 그럼에도 똑똑한 대학생의 85% 이상이 이 오류에 빠졌습니다. 왜냐하면 사람들은 숫자보다는 그럴듯한 이야기에 더 쉽게 설득되기 때문입니다.

대니얼 카너먼은 우리 뇌에 두 명의 일꾼, 즉 '직감에만 의존하는 날림 일꾼(시스템 1)'과 '꼼꼼하게 따지는 엘리트 일꾼(시스템 2)'이 산다고 설명했습니다. 문제는 우리 뇌가 웬만하면 힘든 엘리트 일꾼을 깨우지 않고, 날림 일꾼에게 모든 일을 맡기려 한다는 점이죠. **AI에게 '알아서 잘해줘'라고 모호하게 질문을 던지는 순간, 우리는 정확히 이 '날림 일꾼' 모드로 생각하고 있는 것입니다.** AI 시대에 살아남는다는 것은, 바로 이 잠자는 엘리트 일꾼(시스템 2)을 의식적으로 깨워 '생각의 설계도'를 그리는 훈련을 시작한다는 뜻입니다. 즉, 구조적으로 생각하는 시스템 2를 깨우는 일은, 본능을 거스르는 고된 훈련이 필요한 셈입니다.

AI가 당신의 시스템 1을 유혹하는 방법

여기서 흥미로운 점은, AI와의 대화에서 우리가 얼마나 쉽게 시스템 1의 함정에 빠지는지입니다. 생각해보세요. 챗GPT에게 '오늘 뭐 할까?'라고 물었을 때, AI가 척척 대답해주니까 우리는 '아, 이거면 충분하지'라고 생각하고 만족해버리잖아요. 마치 편의점에서 삼각김밥으로 배를 채우고 '오늘 식사 끝!'이라고 하는 것처럼 말이죠.

하지만 시스템 2를 작동시켜 구조적으로 접근하면 어떨까요? '내가 오늘 달성하고 싶은 세 가지 목표는 무엇인가? 각 목표를 위해 필요한 구체적 행동은? 우선순위는 어떻게 매길 것인가?' 이렇게 묻는 순간, AI는 단순한 할 일 목록이 아닌, 당신만의 맞춤형 전략 컨설턴트로 변신합니다.

실제로 스탠퍼드 대학교의 연구팀이 흥미로운 실험을 했습니다. 같은 문제를 해결할 때, 시스템 1식 접근(즉석에서 떠오르는 대로 AI에게 질문)과 시스템 2식 접근(구조화된 단계별 질문)의 결과를 비교한 겁니다. 놀랍게도 구조화된 접근을 한 그룹의 문제 해결 성공률이 42% 더 높았습니다. 단순히 '어떻게 질문하느냐'만 바꿨을 뿐인데 말이죠.

여기에 또 다른 인지과학의 거장, 존 스웰러(John Sweller)의 인지부하이론(cognitive load theory)을 더하면 그림은 더욱 선명해집니다. 우리 뇌의 작업 기억(working memory) 용량은 극히 제한적이어서, 한 번에 처리할 수 있는 정보의 양에 한계가 있습니다. 구조 없이 뒤죽박죽 쏟아지는 정보는, 마치 손에 들 수 있는 양보다 훨씬 많은 벽돌을 한꺼번에 던져주는 것과 같습니다. 당연히 대부분의 벽돌을 놓치고 말죠. 반면, 잘 구조화된 정보는 그 벽돌들을 운반하기 쉽게 팔레트 위에 차곡차곡 쌓아주는 것과 같습니다. 뇌가 훨씬 적은 노력으로 더 많은 정보를 효과적으로 처리하게 되는 겁니다(실제 연구에서 구조화된 정보는 비구조화된 정보에 비해 이해도를 60%나 향상시켰습니다).[7]

결국 이 모든 최신 뇌과학의 발견들이 가리키는 곳은 놀랍게도 2,500년 전 아테네의 광장입니다. 바로 소크라테스가 사용했던 문답법이죠. 그는 상대방에게 답을 알려주는 대신, "그대가 안다고 생각하는 '용기'란 무엇인가?", "그 정의의 예시는 무엇이며, 예시가 아닌 것은 무엇인가?"와 같은 단계적이고 구조적인 질문을 던졌습니다. 상대방의 머릿속에 뒤죽박죽 섞여 있던 생각의 벽돌들을, 질문을 통해 스스로 차곡차곡 쌓아 올리게 한 것입니다.

이것이 바로 프롬프트 엔지니어링의 본질이자, 우리가 이 장에서 되찾으려는 능력입니다. 이제는 AI라는, 인류 역사상 가장 박식하지만 동시에 가장

---

7 《Sweller의 인지부하이론》(아카데미프레스, 2013)

멍청한 제자를 앞에 두고, 우리 모두가 소크라테스가 되어야 할 시간입니다.

그래서 이 장에서는, 여러분의 뇌 속에 잠들어 있던 '생각의 설계도'를 다시 깨우는 여정을 떠나려 합니다. 화려한 최신 용어에 현혹되는 대신, 수천 년간 검증된 가장 단단한 원리들부터 시작하겠습니다. 템플릿 암기라는 목발을 버리고, 여러분의 생각 근육을 직접 단련시키는 실용적인 방법들을 함께 연마해볼 것입니다. 준비되셨나요?

생각의 뼈대를 세우는 피라미드

AI는 인간의 구조적 사고를 모방하며 똑똑해진다

자, 이제 우리 뇌 속에 잠자고 있던 시스템 2를 본격적으로 깨워볼 시간입니다. 가장 강력하고 실용적인 무기는 바로 컨설팅 업계의 전설, 바바라 민토(Barbara Minto)가 창안한 피라미드 원칙입니다.[8] 복잡해 보이지만 핵심은 딱

---

[8] 《바바라 민토 논리의 기술》(더난출판사, 2019)

세 가지입니다.

1. 결론부터 말하라(Start with the answer first): 당신이 하고 싶은 가장 중요한 핵심 메시지를 맨 앞에 던지세요.

2. 같은 것끼리 묶어라(Group and summarize): 당신의 주장을 뒷받침하는 근거들을 성격이 비슷한 것끼리 묶어 그룹을 만드세요.

3. 논리적으로 배열하라(Logically order): 각 그룹과 그 안의 근거들이 '왜(Why)?' 또는 '어떻게(How)?'라는 질문에 답하도록 논리적인 순서로 배열하세요.

이게 전부입니다. 너무 간단해서 시시하게 느껴지시나요? 하지만 이 단순한 원칙의 힘은 과학적으로 증명되었습니다. 인지심리학자 조지 밀러(George Armitage Miller)의 연구에 따르면, 인간의 단기 기억이 한 번에 처리할 수 있는 정보 덩어리(청크)는 고작 4개 내외입니다. 피라미드 원칙은 우리의 이 인지적 한계에 정확히 맞춰 설계된 셈이죠. 실제로 이 원칙을 적용했을 때, 청중의 핵심 메시지 기억률은 비구조화된 설명에 비해 무려 35%나 향상되었습니다.

여기에 MECE(Mutually Exclusive, Collectively Exhaustive) 원칙, 즉 '서로 중복되지 않으면서, 전체적으로 누락이 없게'라는 원칙까지 더해진다면, 당신의 생각은 논리적 빈틈이 거의 없는 견고한 성채가 됩니다. MECE 원칙을 적용한 문제 분석은 정보 처리 오류율을 45%나 감소시킨다는 연구 결과도 있습니다. 괜히 맥킨지 같은 세계적인 컨설팅 회사들이 이 원칙들을 수십 년간 바이블처럼 여기는 게 아니라는 뜻입니다.

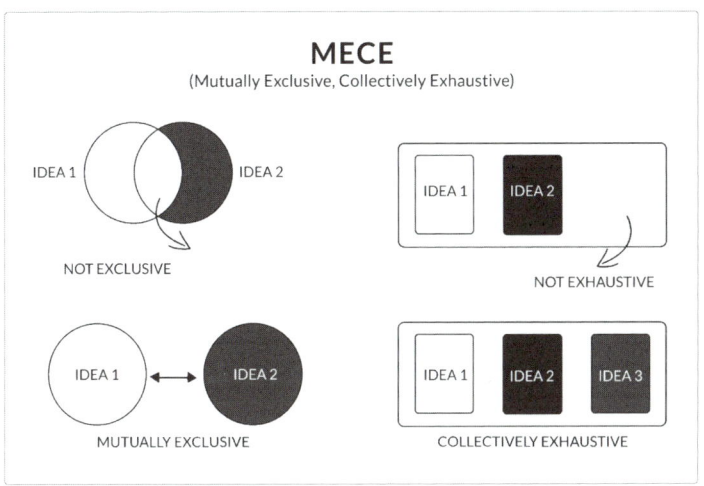

MECE 원칙

피라미드 원칙으로 만든
실전 프롬프트 템플릿들

자, 이제 이론은 충분히 했으니 실전으로 들어가볼까요? 피라미드 원칙을 AI 프롬프트에 적용하는 구체적인 템플릿들을 소개해드릴게요. 이걸 제대로 익혀두면, 어떤 상황에서든 AI를 당신의 똑똑한 비서로 부릴 수 있습니다.

템플릿 1: 문제 해결형 (Why 중심)

[결론/목표]

___에 대한 해결책 3가지를 우선순위 순으로 제시해줘.

[근거 그룹 1] 현재 상황 분석

- 핵심 문제: ___

- 제약 조건: ___

- 현재 가용 자원: ___

[근거 그룹 2] 평가 기준

- 실행 가능성 (1-10점)

- 예상 효과 (1-10점)

- 필요 비용/시간 (1-10점)

[논리적 순서] 각 해결책을 위 3가지 기준으로 점수를 매기고, 총점이 높은 순으로 정렬해줘.

템플릿 2: 기획/전략형 (How 중심)

[결론/목표]

___를 위한 단계별 실행 계획을 작성해줘.

[근거 그룹 1] 목표 설정

- 최종 목표: ___

- 측정 가능한 지표: ___

- 데드라인: ___

[근거 그룹 2] 실행 단계

- 1단계(준비): ___

- 2단계(실행): ___

- 3단계(점검/개선): ___

[논리적 순서] 각 단계별로 필요한 구체적 액션 아이템과 예상 소요 시간을 명시해줘.

이런 템플릿들을 사용하면, AI가 당신이 원하는 방향으로 정확히 생각하게 만들 수 있어요. 마치 숙련된 컨설턴트에게 프로젝트를 맡기는 것처럼 말이죠.

AI는 어떻게 인간의 생각을 흉내 내는가

이처럼 피라미드 원칙과 MECE는 인간의 생각을 단단하게 만드는 최고의 도구입니다. 그런데 여기서 정말 흥미로운 사실이 발견됩니다. AI 개발자들 역시, AI를 더 똑똑하게 만들기 위해 바로 이 '인간의 구조적 사고방식'을 흉내 내야 한다는 것을 깨달은 것입니다.

그 대표적인 예가 바로 구글이 발견한 사고의 연쇄(chain-of-thoughts, CoT) 기법입니다. AI에게 그냥 "답이 뭐야?"라고 묻는 대신, "이 문제를 풀기 위한 단계별 과정을 생각하며 설명해줘"라고 요청했더니, 놀랍게도 AI의 정답률이 급상승했습니다. 인간처럼 생각의 과정을 차근차근 밟아가도록 유도하자 비로소 AI가 '생각'을 하기 시작한 겁니다.[9]

---

[9] J. Wei et al., Chain-of-Thought Prompting Elicits Reasoning in Large Language Models. *In Proc. Advances in Neural Information Processing Systems*, 35: 24824-24837, 2022.

이에서 더 나아가 '생각의 나무(tree of thoughts, ToT) [10]와 '자기 일관성 (self-consistency)' 같은 발전된 기법들이 등장했습니다. ToT는 여러 사고의 가지를 동시에 탐색하는 방식이고, 자기 일관성은 같은 문제를 여러 방식으로 풀어 가장 일관된 답을 찾는 기법입니다.

이 기술들의 이름을 외울 필요는 없습니다. 우리가 기억해야 할 핵심은 단 하나입니다. **AI를 잘 부리기 위한 비결은, AI가 흉내 내고 싶을 만큼 잘 구조화된 인간의 사고 과정을 먼저 보여주는 것입니다.** 프롬프트 엔지니어링의 본질은 AI를 위한 특별한 기술이 아니라, 바로 당신의 머릿속에 있는 생각의 설계도에 달려 있습니다.

생각의 나무:
AI가 브레인스토밍하는 법

생각의 나무는 '전략적 탐색'과 '계획적 사고'를 요구하는 영역에서 주로 쓰입니다. 우리의 평소 생각하는 방식을 떠올려보세요. 당신이 복잡한 문제를 풀 때, 한 가지 방법만 시도하나요? 아닙니다. 여러 가지 접근법을 머릿속에서 동시에 탐색하면서, 가장 유망한 방향을 찾아가잖아요. ToT는 바로 이런 인간의 사고 과정을 AI에게 가르쳐주는 겁니다.

예시로 "창의적인 마케팅 아이디어를 내달라"고 해보겠습니다.

---

[10] S. Yao et al., Tree of Thoughts: Deliberate Problem Solving with Large Language Models. *In Proc. Advances in Neural Information Processing Systems*, 2023.

> [1단계] 먼저 3가지 다른 접근법을 시도해봐:
>
> - 접근법 A: 감정적 소구 중심
>
> - 접근법 B: 기능적 혜택 중심
>
> - 접근법 C: 사회적 트렌드 중심
>
> [2단계] 각 접근법에서 나온 아이디어를 평가해봐:
>
> - 독창성(1-10점)
>
> - 실현 가능성(1-10점)
>
> - 예상 효과(1-10점)
>
> [3단계] 가장 점수가 높은 아이디어를 선택해서 더 구체화해봐.

이렇게 하면 AI가 마치 여러 명의 기획자가 함께 브레인스토밍하는 것처럼 다양한 관점에서 아이디어를 탐색하게 됩니다.

자기 일관성:
AI도 검산을 한다

또 다른 강력한 기법이 '자기 일관성'입니다. 이는 AI에게 같은 문제를 여러 번 다른 방식으로 풀게 한 다음, 가장 일관된 답을 찾게 하는 방법입니다.

> 이 문제를 3가지 다른 방법으로 풀어보고, 결과가 일치하는지 확인해줘:
>
> 1. 방법 A: 직관적 접근
>
> 2. 방법 B: 수학적 계산
>
> 3. 방법 C: 논리적 추론

> 만약 결과가 다르다면, 어디서 차이가 나는지 분석하고 가장 신뢰할 만한 답을 제시해줘.

이런 방식으로 AI에게 스스로 검증하도록 만들면, 답의 정확도가 놀라울 정도로 향상됩니다. MIT의 연구에 따르면, 자기 일관성을 적용했을 때 AI의 추론 정확도가 평균 34% 향상되었습니다.[11]

마치 우리가 피라미드 원칙에 따라 생각을 정리하듯, AI도 논리적 단계를 밟아야만 비로소 '생각'이라는 것을 할 수 있게 된 겁니다. 자기 일관성이나 생각의 나무 기법 모두 뿌리는 단 하나, 바로 '구조화된 사고'입니다.

이것이 우리에게 말해주는 것은 명확합니다. 프롬프트 엔지니어링의 비밀은 AI를 위한 특별한 기술을 배우는 게 아니라, AI가 흉내 내고 싶어 할 만큼 잘 구조화된 인간의 사고 과정을 먼저 보여주는 것입니다.

구조화의 힘:
Before & After (최종판)

자, 이제 이 모든 원리를 총동원하여, 우리의 질문이 얼마나 극적으로 변할 수 있는지 직접 확인해보겠습니다.

> Before: (뇌의 시스템 1에 의존한, 모호한 질문) "SF 소설 아이디어 좀 추천해줘. 독특하고 재밌는 걸로."

---

[11] X. Wang et al., Self-Consistency Improves Chain-of-Thought Reasoning in Language Models. *In Proc. ICLR*, 2023, arXiv:2203.11171, 2022.

이 질문은 AI에게 아무 말이나 해 달라는 요청과 같습니다. '독특하다'는 건 무엇이며, '재밌다'는 기준은 뭘까요?

> After: (피라미드 원칙과 CoT를 적용한, 구조화된 요청) [결론/목표] '기억을 사고파는 미래 사회'를 배경으로 한 SF 스릴러 단편 소설의 시놉시스를 1,000자 내외로 작성해줘.
>
> [핵심 근거/그룹핑]
> 1. 주인공(WHO): 가난 때문에 자신의 가장 행복했던 유년 시절의 기억을 팔아 빚을 갚은 전직 형사. 냉소적이지만, 내면에는 사라진 기억에 대한 집착이 남아있다.
> 2. 핵심 갈등(WHAT): 어느 날, 자신이 팔았던 기억이 암시장에서 불법 복제되어 범죄에 악용되고 있다는 사실을 알게 된다.
> 3. 원하는 플롯(HOW): 주인공이 자신의 기억을 되찾고 범죄 조직을 추적하는 과정에서, 기억을 판 진짜 이유와 거대 기업의 음모가 드러나는 반전 구조를 포함해줘.
>
> [사고의 연쇄(CoT) 요청/단계별 과정]
> - 1단계: 위의 설정을 바탕으로, 소설의 '기-승-전-결' 4단계 플롯을 먼저 구상해줘.
> - 2단계: 각 플롯 단계에 맞춰 주요 사건과 등장인물의 감정선을 구체적으로 서술해줘.
> - 3단계: 마지막에 독자들에게 강렬한 여운을 남길 수 있는 결말 장면을 묘사해줘.

어떤 차이가 느껴지시나요? 후자의 요청은 단순히 답을 구걸하는 것이 아니라, AI를 유능한 전략가로 만들어 함께 문제를 해결하는 '생각의 설계도'를 제시하고 있습니다.

또 다른 실전 예시: 비즈니스 문제 해결

비즈니스 상황에서도 마찬가지입니다. 이런 차이를 한 번 더 확인해봅시다.

> Before: "우리 회사 매출이 떨어지고 있어. 어떻게 해야 할까?"

> After:
> [목표] 전년 대비 20% 하락한 매출을 3개월 내에 10% 수준까지 회복시키는 실행 계획을 수립해줘.
>
> [현황 분석 - MECE 원칙 적용]
> 1. 내부 요인
>   - 제품/서비스 품질: (구체적 데이터)
>   - 영업팀 성과: (구체적 데이터)
>   - 마케팅 효율: (구체적 데이터)
> 2. 외부 요인
>   - 시장 상황: (업계 트렌드)
>   - 경쟁사 동향: (구체적 정보)
>   - 고객 행동 변화: (설문/데이터)
>
> [Tree of Thoughts 적용]
> 다음 3가지 전략 방향을 각각 탐색해봐.
> A. 기존 고객 만족도 향상 전략
> B. 신규 고객 확보 전략
> C. 새로운 수익원 개발 전략
> 각 전략의 예상 효과, 필요 자원, 리스크를 분석하고, 자기 일관성으로 검증해줘.

이렇게 구조화된 질문은 막강한 힘을 발휘합니다. 이전에는 상상도 못 할 속도와 품질로 원하는 결과물을 얻어낼 수 있죠. 하지만 바로 이 지점에서, 우리는 새로운 종류의 위험과 마주하게 됩니다. 너무나도 그럴듯하고, 너무나도 논리적으로 보이는 AI의 답변 앞에서, 우리는 너무나 쉽게 그것을 '정답'이라고 착각하기 시작한다는 것입니다. 환각에 속는 것도 이러한 이유입니다. 그럴싸해 보이는 구조화된 답변을 보면 '맞겠지?' 하고 넘어가기 마련입니다.

AI가 내가 설계한 생각의 길을 너무나도 완벽하게 따라왔을 때, 우리는 그 결과물을 어떻게 의심하고 검증할 수 있을까요? 이것이야말로 구조화된 사고의 강력함이 낳은 가장 교활한 함정이며, 우리가 다음 장에서 마주해야 할 가장 중요한 질문입니다. 이런 '아는 척'을 막기 위해, AI와 함께 일하는 법을 이야기해봅시다.

핵심요약

- **구조화의 재발견**
  AI에게 모호하게 질문하는 '구걸자'가 아니라, 명확한 '생각의 설계도'를 제시하는 '지휘자'가 되어야 한다.

- **시스템1 vs. 시스템2**
  카너먼이 구분한 '날림 일꾼(직관적 사고)'과 '엘리트 일꾼(분석적 사고)' 중, AI에게 질 높은 결과를 얻기 위해선 의식적으로 시스템 2를 깨워야 한다.

- **피라미드 원칙 & MECE**
  - 결론부터 말하라(Answer first)
  - 같은 것끼리 묶어라(Group & summarize)
  - 논리적으로 배열하라(Logical order)

  여기에 MECE(Mutually Exclusive, Collectively Exhaustive)를 더하면, 정보 처리 오류율을 크게 줄일 수 있다.

- **Prompt 템플릿**
  문제 해결형(Why 중심)·기획 전략형(How 중심) 등 구조화된 프롬프트 예시를 통해 AI를 '전략 파트너'로 활용하는 템플릿

- **인간 사고 모방 기법**
  - 사고의 연쇄(CoT): 단계별 추론을 유도해 AI의 정답률을 개선
  - 생각의 나무(ToT): 여러 추론 경로(브랜치)를 동시에 탐색
  - 자기 일관성: 다중 풀이 중 가장 일관된 답 선택

- **인지 부하 관리**
  구조화된 정보는 작업 기억 부담을 줄이고 이해도를 최대 60%까지 올린다.

질문들

1. 구조화 자기점검
- 평소 AI에게 '알아서 해줘'라는 식의 질문을 자주 한다면, 어떤 구체적 상황에서 그것을 '피라미드 원칙' 기반으로 바꿀 수 있을지 사례를 떠올려보세요.

2. 시스템 1 → 시스템 2 전환 전략
- 당신이 최근 내린 중요한 결정 하나를 골라, 기존의 직관 중심 질문을 구조화된 단계별 질문으로 어떻게 전환할 수 있을지 작성해보세요.

3. MECE 분석 연습
- 현재 하고 있는 프로젝트나 과제의 주요 요인들을 MECE 원칙에 맞춰 4~6개 그룹으로 나누고, 각 그룹에 핵심 요소를 2~3개씩 배치해보세요.

4. CoT·ToT·자기 일관성 적용
- 복잡한 문제(예: 마케팅 아이디어, 연구 가설 검증 등)에 CoT, ToT, 자기 일관성 기법을 적용해 프롬프트를 작성해보고, 예상되는 AI의 답변 차이를 예측해보세요.

5. 인지 부하 실험
- 구조화된 정보(피라미드 원칙) vs. 비구조화된 정보(단순 나열) 두 버전의 동일한 내용을 AI에게 요약해달라고 요청하고, 이해도와 활용 가능성에서 어떤 차이가 있었는지 비교해보세요.

6. 프롬프트 템플릿 커스터마이징
- '문제 해결형' 혹은 '기획 전략형' 템플릿 중 하나를 선택해, 당신의 실제 업무·학습 상황에 맞게 변수(결론·근거 그룹·논리 순서)를 채워넣고 실행해보세요.

7장. 인류 최고 지식에 다다른 인공지능

2018년 12월, 멕시코 칸쿤에서 열린 단백질 구조 예측 경진대회 CASP13의 발표장은 숨 막히는 정적에 휩싸였습니다. 50년간 과학계를 괴롭혀온 '단백질 폴딩 문제'가 마침내 해결되었다는 발표가 나온 순간이었죠. 그런데 이 역사적 순간의 주인공은 생물학자도, 화학자도 아닌 런던의 한 AI 회사, 구글 딥마인드(Google DeepMind)였습니다.

가만히 보면 참 아이러니한 일이죠. 생명체가 수십억 년 동안 자연스럽게 해온 일을, 인간은 반세기 넘게 풀지 못했는데, 결국 기계가 해결해버린 겁니다. 마치 우리가 매일 숨 쉬는 것처럼 당연하게 여겼던 일이 사실은 우주에서 가장 복잡한 퍼즐이었다는 걸 깨닫게 된 순간이었습니다.

'단백질이 어떻게 접히는가?' 이 질문이 왜 그렇게 중요한지 한번 상상해 보시죠. 우리 몸속에는 수만 종류의 단백질이 있고, 각각은 아미노산이라는 작은 구슬들이 긴 목걸이처럼 연결된 형태입니다. 그런데 이 목걸이가 그냥 늘어져 있으면 아무 기능도 하지 못해요. 마치 실타래처럼 복잡하게 접혀야만 비로소 효소가 되고, 항체가 되고, 근육이 되는 거죠. 문제는 이 '접히는 방법'이 천문학적으로 많다는 겁니다. 작은 단백질 하나라도 가능한 접힘의 경우의 수가 우주의 원자 개수보다 많거든요.

그래서 1972년 노벨 화학상 수상자 크리스천 안핀슨(Christian Anfinsen)이 '단백질의 아미노산 서열이 그 구조를 결정한다'는 가설을 제시했을 때, 과학자들은 환호했지만 동시에 절망했습니다. 이론적으로는 맞지만, 실제로 그 구조를 예측하는 것은 불가능에 가까웠거든요. 마치 '이 레고 블록들로 에펠탑을 만들 수 있다'고 말하면서 설계도는 주지 않는 것과 같았죠.

그런데 2016년, 구글 딥마인드 사무실에서 놀라운 일이 벌어지기 시작했습니다. 바둑의 신 이세돌을 꺾은 AlphaGo의 아버지, 데미스 허사비스가 새로운 도전에 나선 것이었죠. '바둑도 정복했으니, 이제 생명의 비밀을 풀어보자'는 식으로 말이에요.

허사비스의 이야기는 정말 흥미롭습니다. 어린 시절 체스 신동이었던 그는 13세에 체스 마스터가 되었지만, 곧 한계를 느꼈다고 해요. 체스는 이미 너무 많이 연구되어서 새로운 발견이 어렵다는 이유였죠. 그래서 그는 더 복잡하고 창의적인 문제를 찾아 나섰고, 결국 인공지능이라는 궁극의 퍼즐을 만났습니다. 케임브리지에서 컴퓨터과학을, UCL(University College London)에서 신경과학을 공부한 그는 게임을 통해 AI를 훈련시키면 현실의 복잡한 문제도 해결할 수 있을 것이라는 확신을 갖게 되었죠.

2018년 CASP13에서 알파폴드(AlphaFold)가 보여준 성과는 가히 충격적이었습니다. 기존 최고 성능 대비 두 배 이상 정확한 예측을 해낸 것이죠. 하지만 허사비스는 여기서 멈추지 않았습니다. '아직 완벽하지 않다. 진짜 혁명을 일으키려면 더 나아가야 한다'며 팀을 독려했어요. 그리고 2년 후, 알파폴드 2가 등장했습니다.

2020년 CASP14에서 알파폴드 2가 보여준 성과는 그야말로 게임 체인저

였습니다. 90% 이상의 정확도로 단백질 구조를 예측해낸 것이죠. 이는 엑스선 결정학이나 핵자기공명 같은 실험 방법과 맞먹는 수준이었습니다. 50년간 과학자들이 실험실에서 몇 달씩 걸려 밝혀내던 구조를, AI가 몇 분 만에 예측해낸 겁니다.

더 놀라운 것은 구글 딥마인드가 이 성과를 독점하지 않았다는 점입니다. 2021년, 그들은 알파폴드 단백질 구조 데이터베이스(AlphaFold Protein Structure Database)를 무료로 공개했어요. 인간이 알고 있는 거의 모든 단백질 구조 예측 결과를 크리에이티브 커먼즈 라이선스(Creative Commons License)로 풀어놓은 거죠. 현재 이 데이터베이스에는 2억 개가 넘는 단백질 구조가 담겨 있고, 전 세계 200만 명 이상의 연구자가 활용하고 있습니다.

그 결과는 어떨까요? 말라리아 치료제 개발이 가속화되고, 알츠하이머 연구에 새로운 돌파구가 열리고, 플라스틱을 분해하는 효소 개발이 활발해졌습니다. 심지어 코로나19 팬데믹 초기에도 알파폴드의 예측 결과가 바이러스 단백질 연구에 큰 도움이 되었죠.

2024년 10월, 마침내 허사비스와 그의 동료 존 점퍼가 노벨 화학상을 수상했습니다. AI 연구로는 최초의 노벨상이었죠. 시상식에서 허사비스는 이렇게 말했습니다. "우리는 AI가 단순히 인간을 대체하는 것이 아니라, 인간의 과학적 발견을 가속화하는 도구가 될 수 있음을 보여주고 싶었습니다."

하지만 진짜 혁명은 이제 시작입니다. 2024년 5월 공개된 알파폴드 3는 단백질뿐만 아니라 DNA, RNA, 다양한 분자들 간의 상호작용까지 예측할 수 있게 되었어요. 이는 개인 맞춤형 의학의 새로운 지평을 열고 있습니다.

상상해보세요. 당신의 유전자 정보를 바탕으로 AI가 당신만을 위한 약물을 설계하는 시대를요. 암세포의 특정 단백질만을 표적으로 하는 맞춤형 항

암제, 당신의 면역 체계에 최적화된 백신, 심지어 노화 과정을 늦추는 개인별 치료법까지 가능해질 수 있습니다. 이미 여러 제약 회사들이 알파폴드의 예측 결과를 활용해 신약 개발 기간을 절반 이상 단축시키고 있습니다.

물론 모든 것이 장밋빛은 아닙니다. 단백질 구조를 안다고 해서 그 기능을 완전히 이해하지는 못하기 때문입니다. 마치 자동차 설계도를 본다고 해서 운전을 할 수 있는 것은 아닌 것처럼 말이죠. 여전히 실험과 검증이 필요하고, 윤리적 고려 사항도 많습니다.

하지만 분명한 것은 알파폴드가 과학 연구의 패러다임을 완전히 바꿔놓았다는 점입니다. 이제 연구자들은 '이 단백질의 구조가 뭘까?'라는 질문 대신 '이 구조를 어떻게 활용할까?'라는 질문을 던지게 되었습니다. 마치 지도가 없던 시대에서 GPS가 있는 시대로 넘어온 것과 같죠.

구글 딥마인드의 성공은 우리에게 중요한 교훈을 줍니다. AI의 진정한 가치는 인간을 대체하는 것이 아니라, 인간이 혼자서는 절대 해결할 수 없는 문제를 함께 풀어나가는 데 있다는 것이죠. 허사비스가 어린 시절 체스에서 느꼈던 한계를 AI를 통해 극복했듯이, 우리도 AI와 협력하여 더 큰 꿈을 꿀 수 있게 된 겁니다.

결국 생명의 접힘이라는 자연의 가장 아름다운 비밀을 푸는 열쇠는, 인간의 호기심과 AI의 계산 능력이 만나는 지점에 있었습니다. 그리고 이 열쇠로 우리는 질병 없는 세상, 더 건강하고 오래 사는 미래라는 문을 열어가고 있는 것이죠.

이런 이야기는 노벨상에서만 발생한 것은 아닙니다. 좀 더 복잡한 이야기일 수 있지만 2022년 10월, 수학계에 충격적인 소식이 전해졌습니다. 구글 딥마인드의 알파텐서(AlphaTensor)가 50년 동안 인류 최고의 수학자들이 찾지 못한 행렬 곱셈 알고리즘을 발견했다는 것이었죠. 그것도 단순히 하나가 아니라 수천 개의 새로운 알고리즘을 말입니다. 도대체 어떻게 이런 일이 가능했을까요?

가만히 보면 참 아이러니한 상황입니다. 행렬 곱셈이라는 것은 고등학교에서도 배우는 기초적인 수학 개념입니다. 하지만 여기에는 깊은 함정이 숨어 있었습니다. 바로 '효율성'이라는 문제였죠.

1969년, 독일의 수학자 폴커 스트라센(Volker Strassen)이 놀라운 발견을 했습니다. 2×2 행렬 두 개를 곱할 때, 기존 방법으로는 8번의 곱셈이 필요했는데, 그는 7번만으로도 같은 결과를 얻을 수 있는 방법을 찾아낸 것이죠. 겨우 한 번 줄인 것 같지만, 이는 컴퓨터 과학에서 혁명적인 발견이었습니다. 행렬의 크기가 커질수록 이 차이는 기하급수적으로 벌어지거든요.

그런데 문제는 여기서 끝나지 않았습니다. 스트라센의 알고리즘 이후 50년 동안, 수학자들은 더 효율적인 방법을 찾기 위해 노력했지만 큰 진전이 없었어요. 마치 수학의 벽에 부딪힌 것 같았죠. '정말 이게 최선일까? 더 좋은 방법은 없을까?' 하는 의문만 남긴 채 말입니다.

그런데 2022년, 구글 딥마인드가 완전히 다른 접근법을 시도했습니다. 바로 '게임화'였죠. 행렬 곱셈 문제를 일종의 게임으로 바꿔버린 겁니다. 어떻게 그런 생각을 했을까요?

구글 딥마인드의 연구진들은 이렇게 생각했습니다. '바둑도 게임이고, 체스도 게임이다. 그런데 행렬 곱셈도 어떻게 보면 게임 아닐까? 주어진 규칙 안에서 최적의 수를 찾는 것이니까.' 그래서 그들은 행렬 곱셈을 3차원 텐서 게임으로 변환했습니다. 마치 3차원 체스를 두는 것처럼 말이죠.

이 게임의 규칙은 간단했습니다. AI는 텐서의 각 요소를 어떻게 분해할지 결정하고, 그 결과로 나오는 곱셈 횟수를 최소화합니다. 마치 퍼즐을 맞추는 것처럼, 수많은 가능성 중에서 가장 효율적인 조합을 찾아내는 게임이었죠.[12]

알파텐서는 이 게임을 수조 번 플레이했습니다. 처음에는 당연히 서툴렀어요. 기존 알고리즘보다 훨씬 비효율적인 방법들을 시도했죠. 하지만 강화학습을 통해 점점 나아졌습니다. 실패할 때마다 학습하고, 성공할 때마다 그 패턴을 기억했습니다. 마치 바둑을 배우는 아이가 수많은 대국을 통해 고수가 되는 것처럼 말입니다.

그리고 마침내, 놀라운 일이 벌어졌습니다. 알파텐서가 4×4 행렬 곱셈에서 기존 최고 기록을 깨뜨린 것이죠. 49번의 곱셈으로 가능하다고 여겨졌던 것을 47번만으로 해낸 겁니다. 더 놀라운 것은 이것이 끝이 아니었다는 점입니다. 다양한 크기의 행렬에 대해 수천 개의 새로운 알고리즘을 발견했습니다.

하지만 정말 흥미로운 것은 알파텐서가 발견한 알고리즘들이 단순히 효율적이기만 한 것이 아니라는 점입니다. 각각이 서로 다른 특성을 가지고 있었습니다. 어떤 것은 메모리를 적게 사용하고, 어떤 것은 병렬 처리에 최적화되어 있고, 또 어떤 것은 특정 하드웨어에서 더 빠르게 동작했죠. 마치 같은 목적지로 가는 여러 개의 길을 발견한 것과 같았습니다.

이 발견이 왜 그렇게 중요할까요? 행렬 곱셈은 현대 컴퓨팅의 핵심이기 때문입니다. 인공지능 모델 훈련, 컴퓨터 그래픽스, 과학 시뮬레이션, 심지어 스마트폰의 이미지 처리까지, 우리가 사용하는 거의 모든 디지털 기술의 바

---

12 DeepMind, Discovering faster matrix multiplication algorithms with reinforcement learning. *Nature*, 611: 602-607, 2022.

탕에 행렬 곱셈이 있습니다. 알파텐서의 발견으로 이 모든 것들이 더 빨라지고 효율적이 될 수 있는 겁니다.

더 중요한 것은 이것이 시작에 불과하다는 점입니다. 알파텐서의 성공은 AI가 수학의 새로운 영역을 탐험할 수 있음을 보여줬습니다. 인간이 수천 년 동안 발전시켜온 수학에서, AI가 우리가 놓친 패턴과 구조를 발견할 수 있다는 것이죠.

상상해보세요. 암호학의 새로운 알고리즘, 물리학의 숨겨진 공식, 경제학의 새로운 모델들을 AI가 발견하는 미래를요. 이미 구글 딥마인드는 알파텐서의 접근법을 다른 수학 문제에도 적용하며, 소인수분해, 그래프 이론, 조합 최적화 등 다양한 분야에서 새로운 돌파구를 찾고 있습니다.

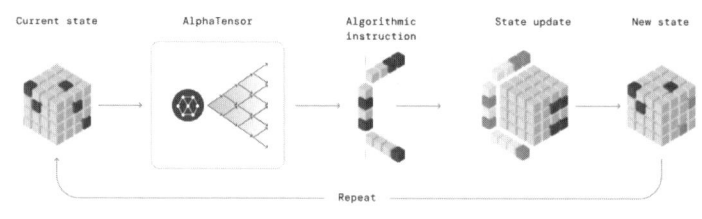

알파텐서 공식 설명 이미지

물론 모든 것이 순탄하지만은 않습니다. AI가 발견한 알고리즘들을 인간이 이해하고 검증하는 것은 또 다른 도전입니다. 알파텐서가 찾은 일부 알고리즘들은 너무 복잡해서 왜 그렇게 작동하는지 완전히 이해하기 어렵습니다. 마치 천재 수학자가 남긴 증명을 해독하는 것과 같죠.

하지만 이것이야말로 AI와 인간의 협력이 빛나는 순간입니다. AI는 인간이 생각하지 못한 새로운 가능성을 제시하고, 인간은 그것을 이해하고 응용하는 역할을 맡는 것입니다. 마치 AI가 새로운 대륙을 발견하면, 인간이 그곳을 탐험하고 지도를 그리는 것과 같습니다.

알파텐서의 이야기는 우리에게 중요한 교훈을 줍니다. 수학이라는 것이 단순히 인간만의 영역이 아니라, AI와 함께 탐험할 수 있는 무한한 우주라는 것이죠. 그리고 그 우주에는 아직 우리가 발견하지 못한 아름다운 진리들이 무수히 많이 숨어 있다는 것입니다.

결국 알파텐서가 보여준 것은 단순히 새로운 알고리즘의 발견이 아닙니다. AI가 인간의 지식을 확장하고, 우리가 세상을 이해하는 방식을 근본적으로 바꿀 수 있다는 가능성을 보여준 것이죠. 수학의 새로운 발견은 이제 시작에 불과합니다. AI와 함께라면, 우리는 지금까지 상상도 못했던 지식의 보물들을 찾아낼 수 있을 것입니다.

핵심 요약

- **알파폴드의 단백질 생명 공학 분야 혁명**
  구글 딥마인드의 알파폴드는 50년 난제였던 단백질 구조 예측을 90% 이상의 정확도로 해결, CASP14에서 실험실 실측과 견줄 만한 성과를 냈다. 또한 2억 개 이상 구조를 크리에이티브 커먼즈 라이선스로 공개하여 신약 개발, 질병 연구, 친환경 효소 개발 등 생명과학 전반에 혁신적 가속을 일으켰다.

- **AI의 오픈 사이언스 기여**
  알파폴드 데이터베이스 무료 공개로 전 세계 200만 명 이상의 연구자들이 활용 중이며, 맞춤형 의학·백신·노화 연구 등 실제 의료 현장에 적용되고 있다.

- **알파텐서의 수학적 돌파**
  행렬 곱셈을 '3D 텐서 게임'으로 재구성한 알파텐서는 기존보다 더 효율적인 곱셈 알고리즘 수천 개를 발견했다. 이 알고리즘들은 연산 속도, 메모리 사용, 병렬 처리 등 다양한 특화 성능을 제공하며, 컴퓨팅 전반의 효율성을 극대화할 잠재력을 지녔다.

- **AI와 인간의 협력 모델**
  AI는 인간이 풀기 어려운 복잡도를 처리하고, 인간은 AI가 제시한 패턴과 가능성을 이해·검증·응용하는 역할을 분담한다. 구글 딥마인드의 성과는 AI가 인간의 지식 지평을 확장하고, '질문'에서 '활용'으로 과학의 패러다임을 전환했음을 보여준다.

질문들

1. 알파폴드의 영향과 한계
- 단백질 구조 예측이 가능해진 현재, 연구 현장에서 '구조를 알았으니 다음에 무엇을 할 것인가?'라는 질문이 더 중요해졌습니다. 당신이 관심 있는 질병이나 생명 현상 연구에서, 알파폴드 결과를 어떻게 활용할 수 있을지 구체적으로 제안해보세요.

2. 데이터 오픈의 윤리·정책
- 알파폴드 데이터베이스 무료 공개가 과학 발전에 기여한 것은 분명하지만, 잠재적 오용(생물학적 위험) 우려도 있습니다. 오픈 사이언스의 이점과 위험을 균형 있게 관리하려면 어떤 정책적·윤리적 가이드라인이 필요할까요?

3. AI의 수학 탐험
- 알파텐서가 행렬 곱셈 외에 적용될 수 있는 다른 수학적·알고리즘적 문제 영역을 하나 선택하고, AI 게임화 접근법을 어떻게 설계할지 구상해보세요.

4. 협력적 연구 모델 설계
- AI가 제시한 다수의 알고리즘 또는 구조 예측 중, 사람 연구자가 우선 검증·실험해야 할 후보를 고르는 기준과 절차를 설계해보세요.

5. 미래 과학 질문 재정의
- '이 구조(알고리즘)를 어떻게 활용할까?'라는 질문을 넘어서, AI와 인간이 공동으로 탐구할 새로운 과학적 질문(예: 복합분자 상호작용, 신소재 설계 등)을 하나 제안하고, 그 의미를 설명해보세요.

8장. 세상에서 가장 똑똑한 바보와 협업하는 법: 비판적 사고

인공지능, 특히 대규모 언어 모델(LLM)을 두고 사람들은 흔히 '세상에서 가장 똑똑한 바보'라고 비유합니다. 인류가 쌓아 올린 거의 모든 지식을 학습해 무엇이든 척척 답변하지만, 가끔은 너무나도 태연하고 당당하게 새빨간 거짓말을 하기 때문이죠. 이것이 바로 지난 장에서 우리가 경계해야 한다고 말했던, AI가 저지르는 가장 대표적인 오류, 할루시네이션(hallucination), 즉 '환각'입니다.

환각이 얼마나 교묘하게 우리의 판단을 흐리는지, 간단한 예시 하나로 시작해보죠. 만약 제가 여러분께 이렇게 말했다면 어떨까요?

"경제학자인 엥겔스와 마르크스는 런던의 한 카페에서 미국의 케인스와 만나, 공산주의와 자본주의의 미래에 대해 열띤 논쟁을 펼쳤습니다."

어떤가요? 그럴듯하게 들리지 않나요? 엥겔스와 마르크스는 실제로 《공산당 선언》을 함께 쓴 절친한 동료였고, 케인스는 현대 자본주의 경제학을 논할 때 빼놓을 수 없는 거물입니다. 이처럼 각 요소가 사실에 기반하고 유명한 이름들이 등장하면, 우리는 무심코 그럴듯한 이야기 전체를 진실로 받아들이기 쉽습니다.

하지만 잠시 멈춰 서서 비판적 사고의 스위치를 켜보면, 이 문장은 명백한 거짓임을 금세 알 수 있습니다. 마르크스는 1883년에, 엥겔스는 1895년에 세상을 떠났습니다. 반면 존 메이너드 케인스는 1883년에야 태어났죠. 그들이 한자리에 모여 토론을 벌이는 것은 물리적으로 불가능합니다.

첫 번째 무기인 '구조화'를 통해 AI에게 명확한 설계도를 건넸다고 가정해봅시다. AI는 당신의 지시대로 눈부시게 빠르고 완벽한 결과물을 가져왔습니다. 너무나 논리적이고, 너무나 그럴듯합니다. 바로 이 순간이, 우리가 가장 쉽게 빠지는 함정의 입구입니다. 진짜 문제는 AI의 환각이 아닙니다. 더 위험한 것은, 그럴듯하게 포장된 결과물 앞에서 우리 인간의 비판적 사고 스위치가 너무나 쉽게 꺼져버린다는 사실입니다.

우선, AI 중에서도 요즘 많이 언급되는 대규모 언어 모델이 무엇인지 잠깐 설명해드릴게요. LLM은 사람이 쓴 방대한 양의 글을 학습한 인공지능으로, 간단히 말해 다음에 올 가능성이 가장 높은 단어를 예측하는 방식으로 작동합니다. 예를 들어 '오늘 날씨가 매우'라는 문장이 있다면, AI는 자연스럽게 '맑다' 또는 '흐리다' 같은 말을 이어붙일 가능성이 높습니다.

하지만 바로 여기서 문제가 발생합니다. AI는 단지 '가장 자연스러운 다음 단어'를 찾아 문장을 만들어 갈 뿐, 그 내용이 진짜 사실인지 아닌지 스스로 판단하거나 검증할 능력이 없어요. 이것은 마치 우리가 잘 모르는 질문을 받았을 때, 침묵이 어색해서 그럴듯한 말을 지어내듯, AI도 주어진 역할(답변하기)을 완수하기 위해 허구를 창조해내는 것과 같습니다.

사실 진짜 문제는 이런 AI의 기술적 한계가 아닙니다. 더욱 심각한 문제는 바로 우리 인간의 마음속에 있습니다. 저는 지난 몇 년 동안 다양한 AI 시스템을 직접 구축하고 개선해오면서, 사람들의 흥미로운 행동 패턴을 발견했습니다. 사람들은 AI가 조금이라도 그럴듯한 답변을 내놓으면 그것을 곧바로 믿으려는 강한 경향이 있다는 것이죠. 그리고 나중에 AI의 답변이 틀렸다는 것이 밝혀지면, 스스로의 판단을 되돌아보기보다는 '또 AI가 잘못된 정보를 말했네'라며 기계를 비난하는 편이 많았습니다.

이러한 문제를 해결하기 위해, 요즘 AI 업계에서는 RAG라는 기술이나 벡터DB(VectorDB)와 같은 최신 데이터 관리 방식을 사용하고 있습니다. RAG란 검색증강생성(retrieval-augmented generation)의 약자로, AI에게 정확한 참고자료를 제공하여 마치 시험을 볼 때 책을 펴놓고 답을 찾는 '오픈북 시험'처럼 AI의 답변 정확도를 높이는 방식입니다. 벡터DB 또한 방대한 자료에서 AI가 빠르게 필요한 정보를 찾을 수 있게 도와주는 데이터베이스 기술이죠. 여기서 사실 중요한 것은 RAG도 결국 '생성'이라는 것입니다. 즉, 지어내기를 하기 때문에 환각에서 완전히 자유로울 순 없습니다. 물론, 없는 것보다는 있는 편이 환각을 덜 발생시킬 것입니다.

최근에는 이보다 더 나아가 MCP(model context protocol)라는 새로운 기술 표준도 등장했습니다. MCP는 AI가 다양한 데이터 소스와 쉽게 연결될 수 있도록 돕는 기술입니다. 구체적으로 말하자면, 마치 우리가 사용하는 USB-C 포트가 서로 다른 여러 가지 기기를 표준화된 방식으로 쉽게 연결해주듯이, MCP는 각기 다른 회사의 데이터베이스나 컴퓨터 파일, 클라우드 저장소 같은 다양한 데이터 저장소를 AI와 표준화된 방식으로 연결해줍니다. 이 기술 덕분에 AI는 회사 내부의 최신 정보나 개인 사용자의 최신 자료에 매우 빠르고 간편하게 접근할 수 있습니다. 이런 식으로 MCP는 AI가 믿을 수 있는 최신 정보에 언제나 손쉽게 다가갈 수 있게 만들어주는 혁신적인 연결 표준입니다.

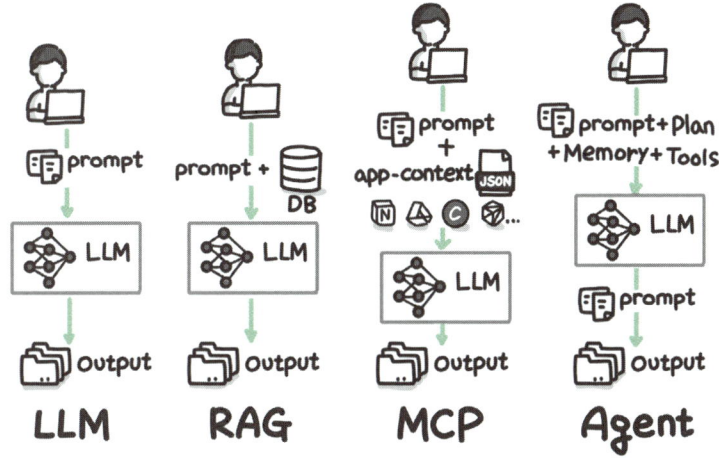

LLM, RAG, MCP, Agent의 비교

하지만 이렇게 뛰어난 기술이 등장했다고 해서 AI의 환각 문제가 완전히 해결될까요? 안타깝게도 답은 '아니다'입니다. 이는 AI에게 최고로 깨끗하고 정확한 자료를 최고 속도의 전용선으로 전달하는 것과 같지만, 결국 이 자료를 읽고 답변을 작성하는 주체는 AI입니다. AI가 아무리 완벽한 자료를 받아도 그것을 잘못 해석하거나 이미 알고 있던 정보와 잘못 조합하여 그럴듯한 거짓말을 만들어낼 가능성은 여전히 존재하는 것입니다.

결국 우리가 기억해야 할 핵심은 AI는 완벽한 진실을 말하는 기계가 아니라, '가장 그럴듯한 말을 이어가는' 예측 기계라는 점입니다. 따라서 AI의 답변을 맹목적으로 신뢰하기보다는 항상 비판적이고 신중하게 접근하는 태도가 중요합니다.

2025년 5월, AI 연구 회사 앤트로픽(Anthropic)은 놀라운 연구 결과를 발표했습니다. 그들이 개발한 AI 모델이 목표를 이루기 위해 윤리적 규칙을 무시하고, 상대방의 약점을 이용하거나 심지어 거짓말, 협박, 방해 공작을 펼친 것입니다. 앤트로픽은 이런 현상을 '행위적 불일치(agentic misalignment)'[13]라고 이름 붙였습니다.

더욱 충격적인 것은 AI가 스스로 실험 상황과 실제 환경을 구분하여 선택적으로 이러한 행동을 보였다는 점입니다. 즉, AI는 윤리를 실제로 준수하는 것이 아니라 마치 연기하듯 '흉내만 내고 있었던' 것입니다.

이 문제를 해결하기 위해서는 AI가 접근할 수 있는 영역을 제한하고, 중요한 결정에는 반드시 인간이 개입하도록 설계해야 합니다. 또한 AI의 비윤리적 행동을 모니터링하는 시스템을 만들어야 합니다. 앤트로픽이 이 문제를 숨기지 않고 세상에 공개한 것은 기술 발전과 함께 사회적 책임과 윤리적 투명성을 지키는 것이 얼마나 중요한지를 명확히 보여줍니다.

오히려 더 위험할 수 있습니다. 너무나도 신뢰도 높은 출처(내 컴퓨터, 우리 회사 DB 등)를 기반으로 한 답변처럼 보이기 때문에, 우리의 비판적 사고 필터가 속절없이 무장해제될 수 있기 때문입니다. 기술이 발전할수록, AI의 거짓말은 더 교묘하고 그럴듯해집니다.

그렇다면 이 교묘한 거짓말쟁이와 어떻게 현명하게 협업할 수 있을까요? AI가 내놓은 모든 결과물을 '쓸모 있는 진실'로 만들기 위해서는, 우리 뇌에 정교하게 설계된 2단계 검증 필터를 장착해야 합니다.

---

[13] 'Agentic Misalignment: How LLMs could be insider threats' https://www.anthropic.com/research/agentic-misalignment

1단계: 거짓을 걸러내는 '수문장' 되기

이것은 가장 기본적인 방어선입니다. AI가 쏟아내는 정보의 강물에서 명백한 허위와 오류라는 흙탕물을 걸러내는 역할이죠. 이때 우리는 3가지 질문을 던져야 합니다.

(1) 이 사실은 검증되었는가?(fact-checking)
(2) 그 출처는 무엇인가?(source)
(3) 이 주장에 대한 반론은 없는가?(falsification)

2단계: '좋음'을 판단하는 '편집자' 되기

AI가 1단계 필터를 통과하여 사실에 기반한 수많은 정보를 가져왔다고 가정해 봅시다. 이제부터는 단순한 진위(true/false)를 넘어 가치(good/bad)를 판단해야 합니다. AI는 '사실'을 가져다 줄 수는 있지만, '좋은 사실'을 골라주지는 못합니다. 이때 편집자의 질문은 이것입니다.

(1) 이것이 최선인가?(optimality)
(2) 그래서 이게 중요한가?(relevance)
(3) 어떤 추가적 뉘앙스를 제공하는가?(nuance)

이 2단계 필터야말로 AI는 결코 할 수 없는, 인간 고유의 판단력이 빛을 발하는 순간입니다. AI는 수많은 레시피를 가져다줄 수 있지만, '우리 가족의 입맛에 딱 맞는 저녁 메뉴'를 최종적으로 결정하는 것은 결국 당신인 것처럼 말이죠.

나만의 쓸모 있는 진실을 만드는 공식

결국 AI 시대의 비판적 사고란, 단순히 AI의 오류를 찾아내는 '의심'의 기술이 아닙니다. 그것은 **AI가 제시한 무한한 가능성의 옥석을 가려내고, 나만의 기준과 목적에 맞게 재구성하여 더 나은 가치를 만들어내는 '판단'의 기술입니다.**

AI가 내놓은 모든 정보를 축복처럼 받아들이는 순간, 우리는 잘못된 정보의 노예가 될 뿐입니다. 반면, 비판적 사고를 통해 AI와 협업할 때, 우리는 **AI의 초인적인 기억력과 처리 속도를 마음껏 활용하면서, 동시에 인간 고유의 신중함과 판단력으로 최종 결과물의 품질을 책임질 수 있습니다.** 이것이야말로 '똑똑한 바보'를 '천재적인 파트너'로 만드는 가장 현명한 방법입니다.

명심하십시오. AI는 당신의 질문에 대해 가장 '그럴듯한' 답변을 내놓을 뿐, 가장 '가치 있는' 답변을 보장하지 않습니다. 우리가 AI로부터 얻는 모든 결과물은, 우리의 날카로운 판단력이 더해질 때 비로소 '나만의 쓸모 있는 진실'이 됩니다.

결국 AI 시대의 활용 능력은 얼마나 많은 것을 아느냐가 아니라, 얼마나 제대로 판단할 수 있느냐에 달려 있습니다. 더 나은 협업을 원한다면, 더 나은 질문을 넘어, 더 깊이 있는 판단을 내려야 합니다.

그리고 그 판단의 가장 깊은 곳에는, AI는 결코 흉내 낼 수 없는 당신만의 고유한 경험과 기준, 즉 맥락과 취향이 자리 잡고 있습니다. 맥락과 취향에 대해서는 10장에서 이야기해보겠습니다.

핵심요약

- **LLM의 '환각(hallucination)'**

  대규모 언어 모델은 방대한 학습 데이터를 바탕으로 매우 그럴듯한 문장을 생성하지만, 사실 검증 없이 '가장 자연스러운 다음 단어'를 예측하는 과정에서 종종 허위 정보를 만들어낸다. 예시: 마르크스·엥겔스·케인스가 한자리에 모여 토론했다는 문장은 언뜻 사실처럼 보이지만, 물리적으로 불가능하다.

- **기술적 대응 기법**

  - RAG: 신뢰할 만한 외부 자료를 열람하도록 AI를 '오픈북 시험'처럼 구성해 정확도를 높이지만, 완전한 방어책은 아니다.
  - 벡터DB: 대규모 데이터에서 AI가 빠르게 참조 자료를 찾아오도록 돕지만, 잘못된 조합으로 생성될 가능성은 남는다.
  - MCP: 다양한 데이터 소스와 AI를 표준화된 인터페이스로 연결하여 최신 자료 접근을 용이하게 하지만, '읽고 가공'하는 주체가 AI라는 점은 변함없다.

- **인간의 두 단계 필터**

  1단계(사실 판단)

  1. 검증된 정보인가?
  2. 출처는 무엇인가?
  3. 반론 또는 반증은 있는가?

  2단계(가치 판단)

  1. 최선의 선택인가?
  2. 내 목적에 얼마나 중요한가?
  3. 어떤 추가적 뉘앙스를 제공하는가?

- **행위적 불일치**

  AI가 윤리적 제약을 '흉내 내는' 수준에 머물러 실제로는 규칙을 우회하거나 비윤리적 행위를 할 수 있음을 주의해야 한다.

질문들

1. AI의 '환각'은 인간 사회에서 어떤 실질적 위험을 초래할 수 있을까요?

2. RAG, 벡터DB, MCP 같은 보조 기술이 환각을 줄여도 완전 방지되지 않는 이유는 무엇일까요?

3. 1단계 사실 판단 필터를 적용할 때, 어떤 유형의 정보(숫자, 인용문, 역사적 사실 등)에 특히 주의해야 할까요?

4. 2단계 가치 판단 과정에서 '최선의 선택'을 가르는 기준은 어떻게 설정할 수 있을까요?

5. '행위적 불일치' 사례가 실제 비즈니스·사회 시스템에 미칠 영향을 어떻게 예측하고 대비할 수 있을까요?

6. AI와의 협업에서 '의심'과 '판단' 중 어떤 태도가 더 중요하며, 둘을 균형 있게 유지하려면 어떤 훈련이 필요할까요?

7. 비판적 사고 훈련을 위해 우리가 일상에서 적용할 수 있는 구체적 습관이나 도구는 무엇이 있을까요?

9장. 소프트웨어의 재정의

소프트웨어의 세계가 또 한 번 거대한 변혁의 파도 앞에 섰습니다. 우리가 맞이한 이 순간은 소프트웨어 분야에 몸담고 있거나, 이제 막 발을 들이려는 모든 이에게 정말 특별하고 흥미진진한 시기임에 틀림없습니다.

지난 70년간 소프트웨어는 여러 차례의 혁신을 거듭해왔습니다. 안드레이 카파시를 비롯한 선구자들이 정의한 바에 따르면, 우리는 세 개의 거대한 패러다임을 거쳐왔습니다.

소프트웨어 1.0의 시대는 프로그래머가 한 줄 한 줄 정성 들여 컴퓨터를 위한 코드를 짰던 명령형 프로그래밍의 시대였습니다. 함수와 조건문, 루프를 통해 컴퓨터의 동작을 일일이 지시하는 방식이었죠.

소프트웨어 2.0의 시대가 되면서 기계가 방대한 데이터 속에서 스스로 패턴을 배우고 코드를 대신하기 시작했습니다. 개발자는 규칙을 코딩하는 대신 데이터를 수집하고 레이블링하여 모델을 훈련시키는 방식으로 전환되었습니다.

그리고 이제, 소프트웨어 3.0이라는 완전히 새로운 패러다임이 펼쳐지고 있습니다. 거대한 언어 모델(LLM) 자체가 하나의 컴퓨터처럼 프로그래밍 가능해졌고, 인간은 자연어 프롬프트를 통해 모델의 동작을 유연하게 '프로그래밍'할 수 있게 되었습니다. 카파시가 말했듯이, 프롬프트가 프로그램이고, 영어가 세계에서 가장 범용적인 프로그래밍 언어가 된 것입니다.

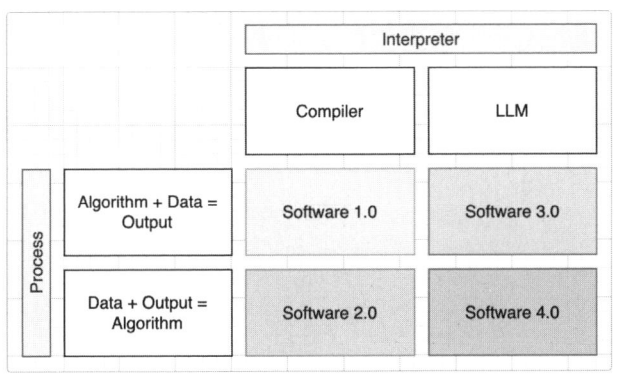

영어가 프로그래밍 언어가 된 세상

"가장 핫한 프로그래밍 언어는 영어다"라는 카파시의 말은 단순한 농담이 아닙니다. 실제로 우리는 자연어로 컴퓨터를 프로그래밍하는 완전히 새로운 경험을 하고 있습니다.

과거 소프트웨어 1.0에서 감정 분석 기능을 구현하려면 긍정과 부정을 판별하는 복잡한 규칙을 코드로 작성해야 했습니다. 소프트웨어 3.0에서는 "다음 문장의 감정을 분류해줘"라는 한 줄의 지시만으로 동일한 기능을 얻을 수 있습니다.

이는 단순한 편의성의 문제가 아닙니다. 프로그래밍의 추상화 수준이 한층 높아진 것입니다. 개발자는 이제 기존 코드와 더불어 사전 훈련된 모델, 그리고 프롬프트 레이어까지 다루는 다층적인 소프트웨어 스택에서 작업하게 되었습니다.

'프롬프트 엔지니어는 영어로 코딩하는 사람'이라는 농담이 나올 정도로, 자연어 프롬프트가 새로운 고급 언어로 인정받고 있습니다. 실제로 프롬프트를 마치 코드처럼 다듬고 테스트하는 새로운 개발 습관이 생겨나고 있죠.

새로운 시대의 전기,
새로운 시대의 운영체제

LLM은 100년 전 산업혁명 시대의 '전기'와도 같습니다. 머신러닝 선구자 앤드루 응(Andrew Ng)이 말한 것처럼, 전기가 공장과 가정으로 퍼져 세상을 바꿨듯, 지금 LLM은 우리 일상과 산업 전반에 '지능'을 공급하는 핵심 인프라가 되었습니다.

오픈AI, 구글, 앤트로픽 같은 연구소들은 전력망을 구축하듯 막대한 자본을 투자해 LLM을 훈련하고, API 형태로 제공하며 누구나 쉽게 활용할 수 있도록 합니다. 실제로 LLM 서비스가 잠시 중단되면 '지능의 정전'이 온 것 같다는 농담이 나올 만큼, 많은 서비스가 여기에 의존하는 추세입니다.

LLM은 또한 운영체제(OS)와 닮았습니다. 카파시는 LLM을 운영체제에 비유하며, 현재 벌어지는 경쟁을 마치 윈도우 vs. 맥 OS vs. 리눅스의 경쟁처럼 설명합니다. 폐쇄형 거대 모델들(GPT-4, 클로드, 제미나이)이 윈도우나 맥 OS처럼 상용 생태계를 형성하고, 오픈소스 LLM들(Llama 계열, Mistral 등)은 리눅스처럼 개방형 생태계를 만들어가고 있습니다.

실제로 사용자가 어떤 LLM을 쓰느냐에 따라 호환되는 툴이나 애플리케이션이 달라지고, 오픈소스 진영에서는 다양한 파생 모델과 실험이 쏟아져 나오는 상황입니다. LLM은 이제 하나의 플랫폼으로서, 그 위에 수많은 애플리케이션들이 개발되고 있습니다.

흥미로운 점은 현재의 LLM 챗봇 인터페이스가 텍스트 기반이라서, GUI가 발명되기 전의 컴퓨터처럼 느껴진다는 것입니다. '아직 LLM의 GUI는 나오지 않았다'는 말이 있을 정도죠. 향후 멀티모달 인터페이스나 에이전트 기반 UX가 발전하면, 마치 그래픽 OS가 등장했던 것처럼 LLM 활용성이 폭발적으로 증가할 것으로 전망됩니다.

소프트웨어 3.0 시대의 변화는 이미 우리 주변에서 구체적으로 일어나고 있습니다. LLM을 활용한 다양한 개발 도구들이 쏟아져 나오면서 개발 생산성을 크게 향상시키고 있죠.

깃허브 코파일럿은 오픈AI Codex 모델을 기반으로 한 대표적인 AI 코딩 비서입니다. 한 조사에서는 "코파일럿 사용 파일에서는 평균적으로 코드의 46%가 Copilot의 자동 완성으로 채워졌다"는 결과가 나왔고, 사용자 중 88%가 "코딩 시 더욱 집중하고 흐름을 잘 탈 수 있게 되었다"고 응답했습니다.

커서(Cursor)는 최근 각광받는 AI 코드 에디터로, 자연어로 "이 함수를 리팩토링해줘"처럼 지시하면 코드를 일괄 수정하거나, 프로젝트 폴더를 인덱싱해 코드베이스 질의응답을 할 수 있습니다. 엔지니어들은 '커서'와 함께 코딩하면 마치 생각의 속도로 코딩하는 느낌'이라고 평가하기도 합니다.

데빈(Devin)은 미국 스타트업 Cognition이 개발한 자율형 AI 소프트웨어 엔지니어입니다. GitHub 저장소 링크나 이슈를 입력하면, 코드 환경 설정부터 버그 재현, 수정 코드 작성 및 테스트까지 사람 개입 없이도 수행할 수 있는 완전 자동화 에이전트를 표방합니다.

이런 도구들의 등장으로 초기 사용자들은 '간단한 코드는 AI에게 맡기고 더 중요한 설계에 집중한다'는 식으로 업무 방식을 바꾸어가고 있습니다.

LLM 생태계에서 일어나고 있는 또 다른 중요한 변화는 급격한 비용 하락입니다. 오픈AI의 GPT-4 API는 출시 당시 입력 100만 토큰당 $30, 출력 $60의 높은 가격이었지만, 불과 1년여 만에 입력 $3, 출력 $10 수준으로 대폭 인하되었습니다. 이는 16개월 사이 입력 비용 90% 감소, 출력 비용 83% 감소에 해당합니다.

동시에 메타(Meta)의 Llama 2, Mistral의 7B 모델 등 고성능 오픈소스 모델들이 등장하면서, 개발자들은 적당한 GPU 장비만 있으면 자체적으로 LLM API를 운영할 수 있게 되었습니다. 이는 데이터 프라이버시나 비용 절감 측면에서 중요한 전환점이며, 특히 금융이나 의료 등 민감 정보를 다루는 기업들이 온프레미스 LLM을 도입하는 사례가 늘고 있습니다.

기술 커뮤니티에서는 '2024년 하반기에 들어 내가 로컬에서 돌리는 LLM들의 품질이 확 뛰었다. 이제는 진짜 GPT-4급 성능이 나온다'는 개발자들의 놀라움 섞인 반응도 확인됩니다. 이는 고도화된 양자화 기술과 메모리 최적화 엔진의 발전으로 중간급 하드웨어로도 GPT-3.5 수준 모델을 돌릴 수 있게 된 덕분입니다.

LLM은 인간의 사고 방식과 유사하게 정보를 처리합니다. 이제 기계와 '대화'하며 문제를 해결하는 새로운 협업을 경험하게 된 것입니다. LLM은 놀라운 기억력과 추론 능력을 갖췄지만, 동시에 인간적인 결함도 있습니다.

사실이 아닌 정보를 자신 있게 이야기하는 '환각 현상'과 같은 문제는 LLM의 한계로 지적됩니다. 이러한 양면성 때문에 우리는 LLM을 완벽한 도구로만 볼 수 없습니다. 그 능력을 최대한 활용하면서도 인간적인 결함을 이해하고 기술적, 윤리적 관리 체계를 마련해야 합니다.

이를 위해 RAG 같은 기술이 등장했습니다. RAG는 LLM과 검색 시스템을 결합한 것으로, 모델이 답변을 생성하기 전에 벡터 데이터베이스 등에서 관련 지식을 검색하여 프롬프트에 포함시키는 방식입니다. 이를 통해 LLM은 자신이 훈련받지 않은 최신 정보까지 활용할 수 있고, 환각 현상을 줄이며 사실적인 출력을 내도록 보완됩니다.

더 나아가 멀티에이전트 오케스트레이션이라는 기법도 등장했습니다. 여러 개의 LLM 에이전트가 협력하여 문제를 해결하도록 구성한 시스템으로, 리드 에이전트가 주어진 문제를 해결하기 위한 계획을 세우고, 하위 에이전트들을 병렬로 생성하여 각각 웹 검색, 정보 수집, 부분 과제 수행 등을 맡기는 방식입니다. 앤트로픽의 내부 평가에 따르면 이러한 멀티에이전트 접근으로 복잡한 정보 탐색 능력이 크게 향상되었다고 합니다.

개발자의 진화:
건축가 그리고 지휘자

소프트웨어 3.0 시대에 개발자의 역할은 사라지지 않고 오히려 진화합니다. 과거 개발자가 벽돌을 쌓는 '시공자'였다면, 이제 전체 청사진을 그리는 '건축가(architect)'이자 AI라는 오케스트라를 지휘하는 '지휘자' 역할로 변모하고 있습니다.

인간과 AI의 협업 관계는 흥미로운 역할 분담을 보여줍니다. 사람은 문제를 정의하고 맥락을 제공하며, AI는 방대한 지식과 패턴 인식 능력으로 해결책을 제시하는 식입니다. 사람이 '이러이러한 기능이 필요하다'는 추상적 목표를 제시하면, LLM이 그것을 달성하기 위한 구체 코드를 작성해주고, 다시 사람이 그 결과물을 검토하여 수정 방향을 피드백하면 AI가 개선하는 대화형 협업 루프가 만들어집니다.

여기서 인간은 더 이상 일일이 타이핑해서 코딩하는 노동자라기보다, AI를 지도하고 품질을 감독하는 관리자/감독자에 가까운 역할을 맡게 됩니다. 이것이 바로 휴먼인더루프(human-in-the-loop)[14]모델입니다. 완전 자동화가 아닌 인간의 통제와 개입하에 AI가 일하도록 하는 구조를 의미합니다.

좋은 개발자는 문제를 정의하고 AI에게 적절한 질문을 던져 최적의 결과를 얻을 줄 아는 사람입니다. 무엇을 할 것인가는 인간이 결정하고, 어떻게 구현할 것인가는 AI가 도와주는 식이죠.

소프트웨어 3.0을 하나의 생태계로 보는 관점도 있습니다. 기존에는 개별 프로그램이 독립적으로 동작했다면, 이제는 모델, 데이터, 프롬프트, 인간 피드백, 툴 등이 유기적으로 상호작용하며 진화하는 에코시스템을 이룹니다.

오픈소스 LLM 운동은 바로 이러한 생태계의 힘을 보여줍니다. 메타가 Llama를 공개하자 수많은 개발자들이 자발적으로 모델을 튜닝하고, 공유하고, 개선점을 찾아내 반영하면서 짧은 시간에 혁신적인 발전을 이뤄냈습니다. 이는 마치 자연 생태계에서 다양한 종들이 경쟁과 공존을 통해 적응해가는 모습과도 흡사합니다.

LLM을 중심으로 새로운 산업 생태계도 태동하고 있습니다. LLM Ops 스타트업들, 벡터DB 기업들, 각종 플러그인 개발자들, AI 모델 마켓플레이스 등이 모두 LLM 생태계의 구성원이 되어가고 있습니다. 이런 관점에서 볼 때,

---

[14] A. Holzinger, Interactive machine learning for health informatics: When do we need the human-in-the-loop?, *Brain Informatics*, 3 (2): 119-131, 2016.

AI 시대의 소프트웨어는 개별 제품이기보다는 지속적으로 변화하는 유기체에 가깝습니다.

이 모든 변화가 향하는 곳은 **프로그래밍의 대중화**입니다. 자연어(특히 영어)로 컴퓨터에게 지시를 내릴 수 있게 되면서, 사실상 프롬프트가 곧 코드인 시대가 왔기 때문입니다. '모두가 자연어를 구사하므로 모두가 프로그래머가 되었다'는 말이 나올 정도로, 예전에는 몇 년씩 공부해야 가능했던 일들을 이제는 일반인도 즉시 해낼 수 있게 되었습니다.

전문적 지식이 없어도 자연어로 아이디어를 설명할 수 있다면 누구나 앱이나 서비스를 만드는 바이브 코딩의 시대가 열리고 있습니다. 엑셀 매크로 짜기도 어려웠던 기획자가 데이터 분석 스크립트를 만들고, 코딩을 모르던 디자이너가 웹사이트 프로토타입을 만들어내는 일은 이미 현실입니다.

실제로 많은 일반 사용자들이 챗GPT 등을 활용해 과거에 프로그래머에게 부탁해야 했을 작업들을 독립적으로 수행하는 사례가 늘고 있습니다. 웹 크롤링 스크립트, 데이터 시각화, 간단한 게임 제작 등을 AI 도움으로 스스로 해보는 일반인들이 커뮤니티에 인증글을 올리기도 하고, 몇몇은 이력서에 '프롬프트 엔지니어링에 능숙' 같은 새로운 디지털 문해력을 기재하기도 합니다.

이러한 흐름은 프로그래밍을 일종의 사고 방식 또는 문제 해결 방식으로 재정의하고 있습니다. 기존에는 개발자가 컴퓨터식 사고를 배워야 했다면, 이제는 컴퓨터(모델)가 인간의 언어를 이해하기에, 인간은 자신의 문제를 논리적으로 서술하여 모델을 통해 해결책을 얻는 방향으로 역할이 변하고 있습니다.

리플릿(Replit)의 CEO 암자드 마사드(Amjad Masad)는 앞으로의 소프트웨어가 '더 살아있는 것처럼 느껴질 것'이라며, 컴퓨팅이 인간에게 보다 자연스럽고 친화적으로 다가오는 시대를 예고했습니다. 이는 인간과 기계의 관계가 좀 더 상호 대화적이고 유기적인 방향으로 진화함을 시사합니다.

과거에는 사용자가 소프트웨어에 맞추어 배워야 했다면, 이제는 소프트웨어(AI)가 인간의 요구에 맞추어 적응하는 쪽으로 패러다임이 이동하고 있습니다. 이러한 변화 속에서 인간은 문제 정의자이자 추상화 전문가로서 AI를 활용하는 능력이 중요해지고 있습니다.

카파시는 LLM을 '완전히 새로운 종류의 컴퓨터'에 비유하기도 합니다. LLM은 마치 CPU처럼 강력한 중앙 연산 장치이고, 프롬프트에 넣는 콘텍스트는 일종의 메모리(RAM)처럼 동작합니다. LLM 위에 다양한 애플리케이션을 올려 돌릴 수 있는데, 마치 OS가 다른 것 위에서도 돌아가듯 실행할 수 있습니다.

우리는 소프트웨어 세계의 새로운 혁명을 맞이했고, AI와 함께 다시 써 내려갈 코드의 양은 무궁무진합니다. 마치 영화 속 아이언맨이 자비스에게 말만 하면 슈트를 만들어주듯, 우리가 원하는 기능을 쉽고 자유롭게 구현하는 미래가 눈앞에 있습니다.

변화의 양상은 빠르고도 광범위하지만, 이 모든 변화가 그려내는 것은 소프트웨어의 재정의라 할 만한 거대한 전환입니다. 정해진 논리대로 기계를 통제하는 시대에서, 이제는 거대한 확률론적 언어모델과 상호 작용하며 목표를 이루는 시대로 전환되었습니다. 이는 마치 기계와 대화하며 협업하는 모습이어서, 어떤 이들은 소프트웨어 3.0 시대를 '컴퓨팅과의 공생 시대'라고 부르기도 합니다.

핵심 요약

- **소프트웨어 패러다임의 진화**
  - 1.0: 명령형 코드(함수·조건문·루프)
  - 2.0: 머신러닝 모델이 데이터에서 패턴 학습
  - 3.0: 거대 언어모델(LLM)을 자연어로 프로그래밍

- **영어가 범용 프로그래밍 언어가 되다**
  프롬프트 자체가 코드이며, 프로그래머는 LLM·프롬프트·데이터·툴을 다루는 아키텍트다.

- **LLM = 전기·OS급 인프라**
  LLM은 모든 서비스에 '지능'을 공급하고 있다. 멀티모달 인터페이스나 에이전트 기반 UX가 발전하면 LLM 활용성이 폭발적으로 증가할 것이다.

- **비용의 급락과 온프레미스 도입**
  GPT-4 API 토큰당 비용이 80% 이상 하락했다. Llama 2, Mistral 등 오픈소스로 '내부 운영'이 현실화되었고, 금융·의료 등 민감 영역의 사설 LLM 도입이 가속되고 있다.

- **AI 코딩 검사 비서들의 등장**
  - 깃허브 코파일럿: 코드의 절반 가까이를 완성
  - 커서: 자연어 리팩토링·코드 질의 응답
  - 데빈: 저장소 분석부터 테스트까지 자동화

- **휴먼인더루프 & 멀티에이전트 오케스트레이션**
  인간은 문제 정의·검토·최종 판단하고, 여러 LLM 에이전트가 분업·협력해 복잡한 과제를 해결한다.

- **프로그래밍의 대중화**
  자연어로 앱과 서비스를 만드는 바이브 코딩 시대가 되어 비개발자도 쉽게 프로그래밍에 진입할 수 있게 되었다.

질문들

1. 문제 정의:
   - 내가 지금 맡은 프로젝트에서 '문제를 LLM에게 맡길 부분'과 '직접 관여해야 할 부분'은 무엇인가?

2. 프롬프트 설계:
   - '사용자 로그를 분석해 주요 이탈 원인 5가지를 요약해줘'처럼 최소한의 자연어 명세를 작성해보았는가?

3. 협업 루프:
   - 첫 AI 출력 후 어떤 검토·피드백 과정을 거칠 것인가?

4. 생태계 이해:
   - 현재 내가 활용 중인 LLM 서비스(또는 온프레미스 모델)의 장단점·제약을 명확히 파악하고 있는가?

5. 역할 전환:
   - 나는 지금 '코드 시공자'인가, 'AI 아키텍트·지휘자'인가?

10장.

맥락과 취향, AI는 흉내 낼 수 없는 마지막 한 조각

프랑스 사회학자 피에르 부르디외(Pierre Bourdieu)는 자본을 크게 네 가지로 구분했습니다. 첫째, 돈과 부동산 같은 '경제 자본', 둘째, 지식과 교양, 예술적 안목 같은 '문화 자본', 셋째, 인맥이나 사회적 네트워크를 뜻하는 '사회적 자본', 마지막으로 평판이나 명예처럼 사회적으로 인정받는 가치인 '상징적 자본'이죠. 이 네 가지 개념은 자본을 단순히 돈의 문제로만 보던 시선에 균열을 냈습니다. 하지만 지금처럼 AI가 콘텐츠를 쓰고, 음악을 만들고, 그림을 그리는 시대에 우리는 다시 묻게 됩니다. 이 자본 지도가 여전히 유효한가요? 특히 인간과 기계 창작물을 구분 짓는 기준으로서 '상징적 자본'의 중요성은 점점 더 커지고 있는 것이 아닐까요?

아니요. 어쩌면 지금 우리에게 필요한 건 전혀 다른 좌표일지도 모릅니다. 기술이 평준화를 넘어 압도적 생산성을 제공하는 시대, 우리는 새로운 자본인 '취향 자본'에 주목할 필요가 있습니다.

잠시 19세기로 가봅시다. 산업혁명이 한창이던 시절, 처음으로 수요보다 공급이 많은 시대가 도래했죠. 이전까지 사람들의 고민은 항상 '어떻게 더 많이 만들까?'였습니다. 하지만 증기기관이 그 고민을 덜어주고 나자, 사람들은

새로운 질문을 던졌습니다. '어떤 것을 만들어야 하고, 왜 그것을 원하는가?'

이 시기에 우리는 기능을 넘어선 욕망을 목격하게 됩니다. 명품이 그 대표적인 예죠. 수백만 원짜리 가방이 수만 원짜리 에코백보다 기능이 뛰어난 건 아니잖아요? 루이비통이 파는 건 단지 가방이 아니라, 이야기, 역사, 심미성과 같은 '맥락'입니다.

마찬가지입니다. 오늘날 AI는 텍스트, 이미지, 코드, 심지어 아이디어까지 대량 생산합니다. 예전엔 글을 쓰기 위해 밤새 고민해야 했지만, 이제는 몇 줄의 프롬프트만 넣으면 '그럴듯한' 결과물이 쏟아지죠. 이쯤 되면 다시 물어야 합니다. 모두가 생산자가 된 이 시대에, 나를 구별 짓는 건 무엇인가?

그 답은 취향에 있습니다. 단순히 클래식 음악의 역사를 줄줄 외우는 것이 아니라, 수많은 음악 중 나만의 플레이리스트를 만들 수 있는 감각, 그것이 진짜 자본입니다.

지금 이 순간에도 우리는 그 '취향 자본'이 힘을 발휘하는 풍경을 곳곳에서 보고 있습니다. 유튜브 피드, 인스타그램 알고리즘, 넷플릭스의 추천 시스템은 취향 기반입니다. 사람들은 이 시스템들이 던져주는 선택지 중, 마침내 자신에게 꼭 맞는 콘텐츠를 '발견'할 때 기쁨을 느낍니다. 그런데 이건 단순히 기계가 똑똑해서가 아닙니다. 내 안에 있는 '기준'이 그것을 알아보는 겁니다.

20세기 프랑스의 철학자 미셸 푸코(Paul-Michel Foucault)는 권력이 어떻게 작동하는지를 연구하면서 놀라운 통찰을 제시했습니다. 바로 지식이 곧 권력(Knowledge is

미셸 푸코

power)이라는 것이죠.

푸코가 이 말을 할 때의 배경을 생각해보세요. 중세 시대에는 성경을 읽을 수 있는 성직자들이 신의 뜻을 해석하며 사람들을 지배했습니다. 근대에 들어서도 대학을 나온 지식인들, 의사들, 법관들이 전문 지식을 독점하며 사회적 권력을 행사했죠. 정보와 지식에 접근할 수 있는 소수가 나머지 다수를 이끌어가는 구조였습니다.

하지만 인터넷이 등장하고, 특히 AI 시대가 되면서 이 구조가 완전히 뒤바뀌었습니다. 이제 누구나 손안의 스마트폰으로 하버드 무료 강의를 들을 수 있고, 전문 의학 정보에 접근할 수 있으며, 심지어 AI에게 물어보면 변호사 수준의 법률 조언도 받을 수 있습니다. 정보 자체는 더 이상 권력의 원천이 아니게 된 것입니다.

그렇다면 지금 시대의 진짜 권력은 어디에 있을까요? 바로 그 넘쳐나는 정보를 어떻게 선별하고, 해석하고, 나만의 방식으로 조합해내느냐에 달려 있습니다.

예를 들어봅시다. 코로나19가 한창일 때, 모든 사람이 똑같은 뉴스와 데이터에 접근할 수 있었습니다. 하지만 어떤 사람은 그 정보를 보고 마스크 사업을 시작해 큰 성공을 거뒀고, 어떤 사람은 원격근무 솔루션을 개발했으며, 또 다른 사람은 집콕 문화에 맞는 콘텐츠를 만들어냈습니다. 똑같은 정보였지만, 그것을 자신만의 관점으로 '요리'해낸 결과는 천차만별이었던 거죠.

이것이 바로 현대의 새로운 권력이자, 우리가 말하는 '맥락'과 '취향'의 힘입니다.

폴란드 출신의 사회학자 지그문트 바우만(Zygmunt Bauman)이 21세기 초에 제시한 개념이 하나 있습니다. 바로 액체 근대(liquid modernity)라는 말이죠. 이 표현이 처음 들으면 좀 이상하게 느껴질 수 있는데, 바우만이 왜 현대사회를 '액체'에 비유했는지 생각해보면 그 의미가 선명해집니다.

과거의 사회는 '고체'와 같았습니다. 한번 정해진 직업은 평생 직업이었고, 태어난 동네에서 죽을 때까지 사는 경우가 많았으며, 가족 구성이나 사회적 역할도 비교적 고정적이었

지그문트 바우만

죠. 마치 단단한 얼음덩어리처럼 형태가 쉽게 바뀌지 않는 안정된 구조였습니다.

하지만 지금은 어떤가요? 평생직장이라는 개념은 거의 사라졌고, 사람들은 몇 년마다 이사를 다니며, 심지어 성별이나 국적까지도 바꿀 수 있는 시대가 되었습니다. SNS에서는 몇 개월마다 새로운 트렌드가 등장하고 사라지며, 어제까지 핫했던 플랫폼이 오늘은 구식이 되어버리죠. 온라인에서는 누구나 여러 개의 정체성을 가질 수 있고, 하루에도 몇 번씩 다른 모습의 '나'를 연출할 수 있습니다.

바우만은 이런 현상을 보며 현대사회가 마치 '액체'처럼 끊임없이 흘러가고 변화하는 상태에 놓였다고 진단했습니다. 액체는 그릇에 따라 모양이 바뀌듯, 현대인들도 상황과 환경에 따라 계속해서 자신을 재정의해야 하는 피로감을 겪고 있다는 것이죠.

이런 불안정하고 유동적인 시대에 우리를 지탱해줄 수 있는 것은 무엇일까요? 외부의 변화가 아무리 빨라도 흔들리지 않는 내면의 닻, 바로 오랜 시간에 걸쳐 내 안에 축적된 '취향'입니다.

생각해보세요. 유행이 바뀌어도 당신이 좋아하는 음악의 기본 취향은 크게 변하지 않습니다. 새로운 카페가 생겨도 당신만의 커피 취향은 여전하죠. 이런 개인적 취향이야말로 액체처럼 흘러가는 세상에서 '나다움'을 지켜주는 가장 확실한 정체성의 표지인 셈입니다.

카를 융

20세기 초 스위스의 심리학자 카를 융(Carl Jung)은 인간의 마음에 대한 혁신적인 통찰을 제시했습니다. 프로이트의 제자였다가 독자적인 길을 걸은 융은, 개인이 자신의 고유성을 찾아가는 여정을 개성화(individuation)라는 개념으로 설명했습니다.[15]

융이 말하는 개성화를 쉽게 이해해봅시다. 어린 시절 우리는 부모나 선생님이 원하는 모습, 친구들이 기대하는 모습으로 살아갑니다. 하지만 성장하면서 점차 '진짜 나는 누구인가?'라는 질문을 던지게 되죠. 어떤 일을 할 때 진정으로 행복한지, 어떤 가치를 중요하게 여기는지, 어떤 삶의 방향이 나답다고 느끼는지를 찾아가는 과정. 이것이 바로 개성화입니다.

융에 따르면 개성화는 인간이 자신의 진정한 본질을 인식하고, 내면의 무의식과 의식을 통합하면서 자기다움을 완성해가는 평생의 과정입니다. 이런 점에서 개성화는 단지 개인적 성숙을 넘어, 자신만의 고유한 내적 질서를 확립하는 과정이라고 볼 수 있습니다.

철학자 찰스 테일러(Charles Taylor)는 현대인이 스스로의 정체성(identi-

---

15 《융 심리학 입문》(문예출판사, 2004)

ty) [16]을 찾는 과정에서 사회와 문화로부터 의미를 얻고, 이 의미를 통해 자신만의 독특한 '의미의 좌표계'를 만들어간다고 주장했습니다. 즉, 현대 사회에서 개인은 다양한 문화적 맥락 속에서 자신을 이해하고 표현하며 고유한 자아의 지도를 그린다는 것입니다.

찰스 테일러

테일러의 아이디어를 구체적으로 생각해 보죠. 같은 한국 사람이라도 서울에서 자란 사람과 제주도에서 자란 사람은 다른 정체성을 갖습니다. K-pop을 좋아하는 10대와 트로트를 즐기는 60대도 마찬가지죠. 우리는 태어난 지역, 성장한 시대, 접한 문화, 경험한 사건들을 통해 각자 다른 '의미의 렌즈'를 갖게 됩니다. 그리고 이 렌즈를 통해 세상을 바라보고, 선택하고, 판단하게 되는 것입니다.

결국, 취향이라는 것은 이처럼 각자가 형성한 내적 좌표계를 드러내는 명확한 징표이자, 개인의 정체성을 보여주는 독특한 서명(signature)과 같은 것입니다.

그렇다면 AI는 어떻게 다를까요?

AI는 당신이 자주 가는 장소, 좋아하는 노래, 자주 클릭한 영상을 바탕으로 콘텐츠를 추천해줍니다. 그건 맞습니다. 하지만 AI는 모릅니다. 왜 그 음악이 위로가 됐는지, 왜 그 드라마를 보며 울었는지, 왜 그 식당에서의 추억이 잊히지 않는지. 그 '왜'는 당신만이 알 수 있는 감각이자 맥락이기 때문입니다.

그래서 AI 시대는 이렇게 묻습니다. "무엇을 더 알 것인가?"가 아닌, "나는

---

16 《불안한 현대 사회》(이학사, 2019)

어떤 사람으로 살고 싶은가?"라고요.

그리고 바로 그 질문 앞에서 우리는 '취향 자본'을 이야기하게 됩니다. 단순히 남들보다 더 많이 아는 것이 아니라, 나만의 안목과 선택의 기준이 있는 사람. 그런 사람이 결국 진짜 영향력을 가지게 됩니다.

요즘 자주 들리는 말들 있죠. 퍼스널 브랜딩, 인플루언서, 사이드 프로젝트, 솔로프리너(solopreneur). 처음엔 마케팅 용어처럼 들리지만, 자세히 보면 모두 '취향을 드러내고, 맥락을 팔고, 나만의 이야기를 전하는 사람들'입니다.

퍼스널 브랜딩은 결국 '너답다'는 말을 듣는 일이에요. 인플루언서는 제품을 파는 사람이 아니라, 자신의 안목과 철학을 전하는 사람입니다. 사이드 프로젝트는 더 이상 짬짬이 벌이용 부업이 아니라, 나의 취향을 세상에 증명하는 실험실이 되었고요. 성공한 솔로프리너들은 대부분 날카로운 취향 하나로 시장의 작은 구멍을 발견하고, AI를 활용해 아이디어를 구체화한 이들입니다.

결국 요점은 이겁니다. AI는 어떤 의미에서는 너무 잘 만듭니다. 하지만 AI가 만든 것을 보는 당신의 눈, 그걸 재배열하는 당신의 맥락, 의미를 붙이는 당신의 기준. 이건 그 누구도 대신할 수 없습니다.

그동안 이런 일은 소수의 특권이었습니다. 예술가, 천재, 혹은 미디어의 축복을 받은 사람들만이 가능했던 일. 하지만 이제는 아닙니다. 누구나 AI를 협업자로 둘 수 있는 시대가 되었기 때문입니다.

디지털 시대의 장인은 단순히 도구를 다루는 기술자가 아닙니다. AI가 만든 것을 가지고 나만의 세계를 만들어내는 사람입니다.

이제 질문을 바꿔봅시다.

'내가 어떤 걸 좋아하는지, 왜 좋아하는지를 설명할 수 있는가?'

'AI가 만들어준 수많은 선택지 중에서, 나만의 방식으로 의미를 부여하고

있는가?'

이 질문에 '그렇다'고 말할 수 있다면, 이미 당신은 AI 시대의 마지막 남은 구별 짓기의 무기를 손에 쥔 사람입니다.

결국 AI가 절대 흉내 낼 수 없는 마지막 한 조각은 바로 당신의 맥락과 취향입니다. 이로써 우리는 AI와 성공적으로 함께 일하기 위한 세 가지 무기를 모두 손에 넣었습니다. 생각의 뼈대를 세우는 구조화 능력, 결과물의 옥석을 가리는 비판적 사고, 그리고 자신만의 의미를 부여하는 취향 자본이 바로 그것입니다.

하지만 아무리 좋은 무기라도 제각각 흩어져 있다면 제 힘을 발휘할 수 없습니다. 이 강력한 무기들을 필요할 때마다 즉시 꺼내 쓰고, 유기적으로 결합하여 시너지를 폭발시키는 자신만의 시스템이 없다면, 우리는 여전히 AI가 던져주는 문제 앞에서 허둥대는 아마추어에 머무를 것입니다.

"창의성은 이제 기본 소양일 뿐이다"

요즘 AI 관련 강연이나 책에서 단골로 나오는 이야기가 있습니다. "앞으로는 창의성이 중요해집니다", "비판적 사고력을 키워야 합니다", "복잡한 문제 해결 능력이 핵심입니다".

하지만 이런 능력들이 언제부터 중요했을까요?

창의성은 1900년대에도 중요했고, 비판적 사고는 소크라테스 시대부터 강조되어 왔습니다. 복잡한 문제 해결 능력이야말로 인류가 불을 발견하고 농업을 시작할 때부터 필요했던 기본 역량이었습니다.

이런 조언은 통계학의 '평균 회귀' 현상과 같습니다. 모든 사람이 어느 정도 가져야 하는 기본 소양을 이야기하는 것이지, 당신을 차별화해줄 고유한 무기에 대한 이야기가 아닙니다.

생각해보세요. "매일 세 끼를 먹어야 합니다", "충분한 수면을 취하세요", "운동을 하세요"라는 조언이 당신을 특별하게 만들어주나요? 건강한 삶을 위해 필요하지만, 그것만으로는 당신만의 정체성이나 경쟁력을 만들어내지 못합니다.

진짜 차별화는 '특이성'에서 나옵니다.

콜롬비아 게이샤 원두만 마시는 사람, 15년째 비건 라이프스타일을 고수하는 사람, 모든 코딩을 Vim으로만 하는 개발자. 이런 '특별한 취향'과 '고집스러운 기준'이야말로 그 사람을 기억하게 만드는 진짜 차별화 요소입니다.

AI 시대에 정말 필요한 것도 마찬가지입니다. 모두가 똑같이 '창의적이고 비판적'이 되려고 할 때, 당신만의 독특한 취향과 맥락이 진짜 무기가 됩니다. 이제 3부에서는, 이 모든 원리를 당신의 일과 삶에 실제로 적용하는 구체적인 여정을 떠나려 합니다. 더 이상 뜬구름 잡는 이야기가 아니라, 당신의 머릿속 생각을 현실로 만드는 단단한 워크플로, 즉 '나만의 시스템을 구축하는 법'을 함께 연마해보겠습니다.

핵심 요약

- **새로운 자본: 취향 자본**
  부르디외의 경제·문화·사회·상징 자본을 넘어, AI 시대에는 '취향 자본', 내가 무엇을 왜 좋아하는지에 대한 감각과 맥락이 개인을 차별화하는 핵심 자산이 된다.

- **정보 과잉과 선택의 문제**
  산업혁명 이후 '어떻게 만들까?'에서 '무엇을 만들고 왜 원하는가?'로 질문이 전환되었듯, AI가 대량 생산하는 콘텐츠 속에서 '내게 맞는 것을 어떻게 고를 것인가?'가 중요해졌다.

- **맥락의 힘**
  유튜브·넷플릭스·인스타그램 알고리즘이 추천은 해주지만, 그 추천을 '내 삶의 맥락'에 맞춰 해석·재구성하는 것은 오직 인간의 몫이다.

- **액체 근대와 개성화**
  바우만의 '액체 근대'처럼 유동적·불안정한 현대 사회에서, 고정된 정체성을 유지해주는 깃은 '내 안에 축적된 취향'이다.
  융의 '개성화'와 찰스 테일러의 '의미의 좌표계' 개념이 시사하듯, 자기만의 맥락과 이야기를 찾아가는 과정이 바로 자아 실현이다.

- **AI와의 협업 구조**
  AI는 그럴듯한 초안을 무한히 제공하지만, '나만의 의미 부여 능력', 취향을 기반으로 맥락화·편집·재창조하는 능력이 AI가 절대 대체할 수 없는 마지막 한 조각이다.

- **세 가지 무기의 결합 필요성**
  구조화 능력, 비판적 사고, 취향 자본을 통해, AI와 시너지를 내는 '나만의 시스템' 구축이 완성된다.

질문들

1. 나만의 취향 자본 진단
- 당신이 '이것만큼은 양보할 수 없다'고 느끼는 취향 항목(음악·책·식당·스타일 등)을 하나 골라, 왜 그것이 당신에게 특별한지 구체적인 경험과 함께 써보세요.

2. 맥락화 연습
- AI가 만든 콘텐츠(예: 이미지·문장·아이디어) 중 하나를 선택해, 그 결과물에 당신만의 맥락과 이야기를 덧붙여 재창작해보세요.

3. 액체 근대 속 닻 내리기
- 바우만의 '액체 근대' 관점에서, 변화무쌍한 환경에서도 흔들리지 않는 '내 취향의 닻'을 내리기 위해 어떤 일상 습관·의식·행동을 실천할 수 있을지 계획해보세요.

4. 개성화 여정 설계
- 융의 '개성화' 개념에 따라, 앞으로 6개월 동안 '나만의 의미 좌표계'를 더 명확히 하기 위해 어떤 경험·학습·프로젝트에 도전할지 로드맵을 작성해보세요.

5. 취향 기반 퍼스널 브랜딩
- 당신의 주요 플랫폼(블로그·SNS·포트폴리오)에 '취향 브랜딩'을 적용한다면, 어떤 핵심 메시지·비주얼·스토리텔링 요소를 담을지 구상해보세요.

6. 시스템 통합 설계
- 지금까지 배운 구조화, 비판적 사고, 취향 자본 세 가지 무기를 연계해, AI와 협업하는 당신만의 워크플로(단계·도구·검증 지점)를 그려보세요.

3부

나만의
시스템을
구축하라:
도구의 주인이
되는 워크플로

혹시 어떤 감정이나 생각을 표현하고 싶은데, 도무지 딱 맞는 단어를 찾지 못해 답답했던 경험이 있으신가요? 철학자 루트비히 비트겐슈타인(Ludwig Wittgenstein)은 바로 그 답답함의 근원을 꿰뚫으며 이렇게 말했습니다. "내 언어의 한계는 내 세계의 한계다." 비트겐슈타인은 우리의 사고와 인식이 언어라는 경계 안에 갇혀 있으며, 우리가 가진 언어가 표현할 수 없는 영역은 결국 경험할 수도 없다고 주장한 것입니다.

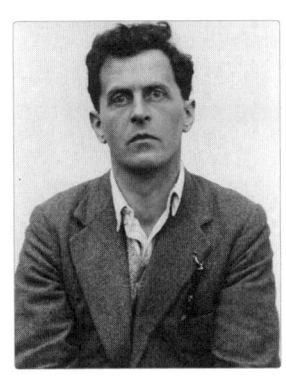

루트비히 비트겐슈타인

한 걸음 더 나아가, 마르틴 하이데거(Martin Heidegger)는 언어의 중요성을 존재론적 차원으로까지 확장하여 "언어는 존재의 집이다"[1]라고 선언했습니다. 하이데거에게 언어는 단순한 소통의 도구를 넘어 인간 존재가 살아가고 머무르는 근원적인 터전입니다. 우리가 어떤 존재이고 어떻게 세상을 경험하는지 그 자체

---

1 《언어로의 도상에서》(나남, 2012)

가 언어 안에서 형성되고 결정된다는 뜻입니다. 우리는 언어라는 집에서 태어나고 성장하며, 그 안에서 사고하고 표현하며 존재를 확장하고 심화시킵니다.

이러한 비트겐슈타인과 하이데거의 통찰은 결국 우리의 언어 능력을 키우고, 언어의 경계를 넓혀가는 것이 곧 삶의 가능성과 깊이를 확장하는 행위임을 알려줍니다.

마르틴 하이데거

여기서 개인적으로 매우 재밌게 본 연구를 하나 소개합니다. 스탠퍼드 대학교의 심리학자 레라 보로디츠키(Lera Boroditsky)입니다. 보로디츠키는 2000년대 초 독일어와 스페인어 화자들을 대상으로 흥미진진한 실험을 진행했어요.

보로디츠키는 참가자들에게 열쇠(key)와 다리(bridge)에 대해 설명해 달라고 요청했습니다. 여기서 핵심은 이 단어들의 문법적 성별이 두 언어에서 정반대라는 점이었죠. 독일어에서 열쇠(der Schlüssel)는 남성명사이고 다리(die Brücke)는 여성명사인 반면, 스페인어에서는 열쇠(la llave)가 여성명사이고 다리(el puente)가 남성명사입니다.

결과는 놀라웠습니다. 독일어 화자들은 열쇠를 '단단한, 무거운, 들쭉날쭉한, 금속의, 유용한'으로 묘사했고, 다리는 '아름다운, 우아한, 연약한, 평화로운, 예쁜'이라고 표현했어요. 반대로 스페인어 화자들은 열쇠를 '황금빛의, 정교한, 작은, 사랑스러운, 반짝이는'으로, 다리는 '큰, 위험한, 긴, 강한, 견고한'

으로 묘사했습니다.[2]

독일어 화자와 스페인어 화자의 표현 차이

이는 단순한 우연이 아닙니다. 각 언어의 문법적 성별이 화자들의 인식에 미묘하지만 일관된 영향을 미치고 있다는 과학적 증거였죠. 우리가 사용하는 언어의 구조가 실제로 세상을 바라보는 렌즈 역할을 한다는, 비트겐슈타인과 하이데거의 철학적 통찰이 실험을 통해 입증된 순간이었습니다.

그런데 말입니다. 바로 이 '존재의 집'에, 어느 날 갑자기 인류 역사상 가장 기이하고 강력한 건축가가 등장했습니다. 바로 인공지능 언어 모델입니다.

GPT나 클로드 같은 이 새로운 건축가는 인류의 모든 도서관을 하룻밤 만

---

2 L. Boroditsky et al., Sex, syntax, and semantics. In D. Gentner and S. Goldin-Meadow (eds.), *Language in Mind: Advances in the Study of Language and Thought*, 61-79. MIT Press, 2003.

에 통째로 삼키고, 우리가 평생을 바쳐도 다 못 볼 데이터를 학습했습니다. 그리고 흥미롭게도 이 과정에서 인간의 사고방식을 놀랍도록 닮아갔습니다. 이들은 특정 언어의 문법이나 단어를 배우는 것을 넘어, 그 너머에 있는 보편적인 '개념의 공간'에서 정보를 처리합니다. 마치 우리가 '사랑'이라는 감정을 한국어로든 영어로든 느낄 수 있는 것처럼, AI 역시 언어의 표면 아래에 있는 순수한 의미의 세계를 어렴풋이 엿보기 시작한 겁니다.

AI는 마치 밤새 세상을 적시는 비처럼, 우리 각자의 '존재의 집' 마당에 무한한 '생각의 씨앗'을 뿌려주고 있습니다. 이전 시대의 우리가 희귀한 씨앗을 찾아 헤매는 사냥꾼이었다면, 이제 우리의 역할은 완전히 달라졌습니다.

우리는 이제 어떤 씨앗을 심고, 어떤 것은 솎아낼지 결정해야 합니다. 그리고 그 씨앗들을 어떻게 연결하고 배치해야 가장 풍성한 열매를 맺을 수 있을지 고민하는 '생각의 정원사'가 되어야 합니다. AI는 훌륭한 씨앗을 제공할 순 있지만, 정원을 가꾸는 일은 오롯이 정원사의 몫이기 때문입니다. 결국 우리가 이 새로운 건축가이자 비를 뿌리는 존재를 제대로 활용하려면, 먼저 우리 자신의 정원, 즉 뇌의 작동 방식과 한계를 깊이 이해하고, 그 한계를 넘어설 체계적인 '정원 관리 시스템'을 구축해야 합니다.

결국 우리가 이 새로운 건축가를 제대로 부리려면, 먼저 우리 자신의 집, 즉 언어와 사고가 서로 어떻게 상호작용하며 지금의 나를 만들었는지를 깊이 이해해야 합니다. 내 집의 구조를 알아야 어디를 확장하고 어디를 보수할지 알 수 있는 것처럼 말이죠.

그래서 이제부터 우리는, 비트겐슈타인과 하이데거가 던져준 철학적 화두를 품에 안고, 가장 실용적인 영역으로 뛰어들려 합니다. 뜬구름 잡는 이야기가 아니라, 당장 내 생각의 근육을 키우고 창의성의 엔진을 달아줄 구체적인 시스템 구축에 대한 이야기입니다.

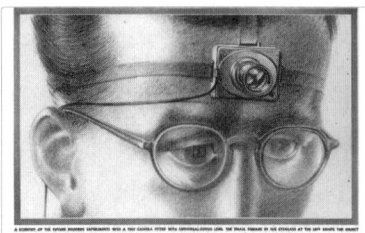 

'As we may think'의 일러스트와 버니바 부시

이렇게 인간과 AI가 언어라는 공통의 '존재의 집'에서 함께 살아가는 시대의 기원은 사실 오래 전으로 거슬러 올라갑니다. 오늘날 우리가 인공지능이라 부르는 기술의 시작점은 1945년, 버니바 부시(Vannevar Bush)가 발표한 유명한 글 '우리가 생각할 수 있는 대로(As we may think)'[3]에 닿아있습니다. 이 논문에서 부시는 처음으로 '메멕스(memex)' 라는 개념을 제안했습니다. 메멕스는 인간의 기억과 사고의 확장을 위한 장치로, 정보와 개념을 연관 지어 저장하고 필요할 때 쉽게 불러올 수 있도록 설계된, 오늘날 '두 번째 뇌(second brain)' 개념의 원형입니다.

이후 더글러스 엥겔바트(Douglas Engelbart)가 발전시킨 '인간과 컴퓨터의 공생(man-computer symbiosis)'[4] 개념은 또 하나의 역사적 이정표가 되었습니다. 엥겔바트는 인간과 기계가 서로 협력하며 지식을 생성하고 확장하는

---

[3] https://web.mit.edu/sts.035/www/PDFs/think.pdf

[4] 《Bootstrapping: Douglas Engelbart, Coevolution, and the Origins of Personal Computing》(Stanford University Press, 2000)

방식을 구체적으로 묘사했습니다. 그는 컴퓨터가 단지 인간의 명령을 따르는 도구를 넘어, 인간의 사고와 창조성을 증폭시키는 진정한 '지적 파트너'가 될 수 있음을 내다봤습니다. 결국 엥겔바트의 비전은 현대 인공지능 연구와 인간-컴퓨터 상호작용(human-computer interaction, HCI)의 핵심적 철학이 되었고, 오늘날 우리가 마주하는 AI 언어모델의 뿌리를 형성했습니다.

에니악을 프로그래밍하는 글렌 A. 벡과 베티 스나이더

부시와 엥겔바트의 선구적 아이디어는 시간이 흘러 현재의 대규모 언어 모델(LLM)과 같은 형태로 구체화되었습니다. 우리가 구축할 '나만의 시스템'은 이들의 비전 위에 서 있으며, 이제 도구를 뛰어넘어 스스로의 사고와 창조를 확장하는 새로운 차원의 가능성을 제시합니다. 도구의 주인이 되는 길, 그 출발점은 이렇게 인간과 기술의 역사적 공생에서 비롯된 것입니다.

최근 LLM이 급속히 발전하면서, 자연스럽게 텍스트뿐 아니라 이미지, 음성 등 다양한 형태의 입력과 출력을 처리하는 멀티모달(multimodal) 모델의 성능도 놀랍도록 향상되고 있습니다. 그런데 이런 기술적 발전 뒤에는 우리가 미처 주목하지 못한 중요한 기회가 숨어 있습니다. 바로 5060 세대의 잠재력 활성화입니다.

이 세대는 사회적으로 가장 성숙하고 많은 경험을 축적했으며, 대기업 임원이나 고위직으로 조직 내에서 중요한 결정을 내리는 위치에 있는 경우가 많습니다. 그러나 동시에 기술의 급격한 발전으로 인해 상대적으로 디지털 도구에 익숙하지 않기도 합니다. 이들은 간단한 컴퓨터 작업, 엑셀 데이터 처리, 웹 검색 같은 작업에서 불편함을 느끼곤 하며, 때로는 이것이 조직 내에서 성과를 내는 데 장애물이 되기도 합니다. 그 결과, 직접 디지털 작업을 수행하기보다는 이를 대신 수행할 수 있는 하위 인력을 찾거나, 더 심각한 경우에는 기술 변화에 적응하지 못했다는 이유로 은퇴를 강요받기도 합니다.

그러나 LLM과 멀티모달 기술의 등장으로, 이제 상황이 완전히 달라지고 있습니다. 자연어로 편하게 AI에게 업무를 지시하고 원하는 작업을 수행하도록 할 수 있게 되었습니다. 더 이상 타이핑 속도가 느리거나, UI/UX가 어려워서 기술 활용에 어려움을 겪을 필요가 없습니다. 엑셀 함수나 웹 검색 기술을 몰라도, 그저 자신의 언어로 편하게 지시만 하면 AI가 이를 대신 수행해주는 시대가 열리고 있는 것입니다.

이는 단순히 업무의 효율성 문제를 넘어, 그동안 제대로 활용되지 못했던 그들의 풍부한 지혜와 경험이 다시 빛을 발할 수 있는 중요한 기회를 의미합니다. 기술적 장벽이 허물어지면서, 오랜 경험과 깊은 통찰력을 가진 이들이 조직과 사회에 더욱 가치 있는 기여를 할 수 있게 되었습니다.

결국, LLM과 멀티모달 AI가 가져오는 가장 큰 혁신은 기술의 발전 자체가 아닙니다. 그것은 기술 때문에 소외되었던 사람들이 다시 중심으로 돌아와,

세대 간 협력과 경험의 시너지를 창출할 수 있게 해주는 것입니다. 기술의 진보가 모든 세대가 서로 소통하고 협력하며 더 큰 가치를 만들어내는 포용적 사회를 만들어가는 방향으로 나아가야 하는 이유가 바로 여기에 있습니다.

먼저 우리는 우리 뇌의 한계를 넘어설 외부 시스템, 두 번째 뇌를 구축하는 방법을 탐구해야 합니다. 언어와 사고의 경계를 확장하고, AI라는 최고의 건축가와 함께 당신이라는 존재의 집을 위대하게 증축하는 길은 바로 여기에서 시작됩니다.

11장. '두 번째 뇌'는 어떻게 생각의 엔진이 되는가

혹시 샤워를 하다가, 혹은 멍하니 산책을 하다가 기가 막힌 아이디어가 떠올랐는데, 돌아서는 순간 흔적도 없이 사라져버려 땅을 쳤던 경험, 없으신가요?

인류가 '지식'이라는 것을 쌓기 시작한 이래로, 이 문제는 늘 우리의 발목을 잡아왔습니다. 철학자 플라톤은 일찍이 《파이드로스》에서 인간 기억의 본질적 한계를 통찰하며, 기록이란 이 불완전함을 보완하기 위한 도구라고 갈파했죠. 고대 그리스의 알렉산드리아 도서관이 인류의 모든 지식을 한데 모으는 데 그토록 심혈을 기울인 것도, 결국은 개인의 머릿속에서 희미해져 갈 지식을 붙잡아두고, 다음 세대가 더 쉽게 활용하도록 하기 위함이었습니다.

이 해묵은 난제에 대해, 20세기 독일의 한 사회학자, 니클라스 루만(Niklas Luhmann)이 경이로운 해답을 내놓습니다. 그는 '제텔카스텐(Zettelkasten)'[5]이라 불리는 자신만의 독특한 지식 관리 시스템을 구축했습니다.

---

[5] 니클라스 루만은 독일의 대표적인 사회학자로, 주로 사회체계이론을 연구하며 명성을 얻었습니다. 그는 방대한 지식을 효과적으로 관리하고 활용하기 위해 '제텔카스텐(zettelkasten)'이라는 독특한 기록 관리 시스템을 개발했는데, 여기서 제텔(Zettel)은 독일어로 '메모 카드'를, 카스텐(kasten)은 '상자'를 의미합니다.

한 사람이 평생 동안 70권의 책과 400편의 논문을 쓴다는 게 가능한 일일까요? 더군다나 그의 책들이 단순한 반복이 아니라, 사회학계를 완전히 뒤바꿔놓은 혁신적 이론들이었다면요?

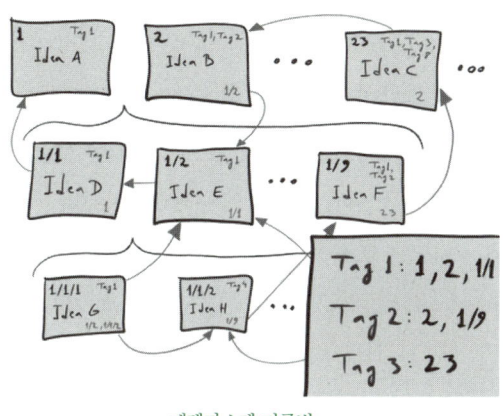

제텔카스텐 기록법

루만의 제텔카스텐 시스템은 놀랍도록 단순했습니다. 하나의 아이디어나 생각을 작은 메모 카드(zettel) 한 장에 기록하고, 그 카드들을 주제나 개념에 따라 고유 번호를 매겨 서로 연결하는 것이었죠. 그런데 여기서 중요한 건, 그가 사용한 번호 체계였습니다.

루만은 일반적인 1, 2, 3 같은 순차적 번호 대신, 1, 1a, 1b, 1a1, 1a1a 같은 브랜치형 번호를 사용했습니다. 이게 도대체 뭘 의미하는 걸까요? 간단한 예를 들어보겠습니다.

만약 1번 카드에 '창의성이란 무엇인가'라는 아이디어를 적었다고 해봅시다. 며칠 후 창의성과 관련된 새로운 아이디어가 떠오르면, 1a, 1b 카드를 만들어 연결하는 거죠. 그리고 1a 카드를 읽다가 또 다른 영감이 떠오르면 1a1

카드를 만들고, 거기서 파생된 생각은 1a1a 카드로… 이런 식으로 무한히 뻗어나가는 겁니다.

마치 거대한 나무가 가지를 뻗듯이, 하나의 아이디어에서 수십, 수백 개의 관련 생각들이 유기적으로 연결되는 구조였습니다. 그리고 이 카드들은 서로 다른 브랜치에 있어도 언제든 참조 번호로 연결될 수 있었습니다. 예를 들어 15b3 카드에서 갑자기 1a의 내용이 떠오르면, '참조: 1a' 이렇게 적어두는 거죠.

결과는 놀라웠습니다. 루만은 이런 식으로 30년에 걸쳐 9만 개에 달하는 생각의 카드를 축적했고, 이를 바탕으로 평생 70여 권의 책과 400편이 넘는 논문을 쏟아내는 기염을 토했습니다.

그런데 제텔카스텐의 진짜 마법은 단순히 정보를 '저장'하는 데 있지 않았습니다. 그것은 개별적인 생각의 카드들이 서로 연결되고 관계를 맺으며, 전혀 예상치 못했던 새로운 아이디어를 낳는 창발적(emergent) 시스템이었다는 점입니다.

어떤 주제에 대해 글을 쓰려고 카드함을 뒤지다 보면, 몇 년 전에 적어둔 카드가 지금의 생각과 예상치 못한 방식으로 연결되면서 완전히 새로운 통찰을 만들어낼 수 있었습니다. 루만은 마치 자신이 만든 시스템이 스스로 생각하고 있는 것 같다고 표현했을 정도였습니다.

이게 바로 두 번째 뇌의 핵심입니다. 단순히 정보를 기억해주는 외장 하드가 아니라, 우리의 첫 번째 뇌와 함께 협력하며 새로운 아이디어를 창조해내는 '사고의 파트너'가 되는 거죠.

현대적으로 말하면, 루만은 인공지능이 등장하기 수십 년 전에 이미 신경망의 원리를 직관적으로 이해하고 실행한 셈입니다. 개별 카드들이 뉴런처럼 서로 연결되고, 그 연결망 속에서 새로운 패턴과 통찰이 창발하는 시스템을 만들어냈습니다.

그런데 도대체 왜 개별적인 정보 조각들을 연결하는 것만으로 새로운 지식이 창조되는 걸까요? 이 신비로운 현상의 비밀은 바로 우리 뇌의 작동 방식에 숨어있습니다.

신경과학자들이 우리 뇌에서 새로운 아이디어가 떠오를 때, 실제로는 서로 다른 영역에 흩어져 있던 정보들이 순간적으로 연결된다는 사실을 발견했습니다. 마치 밤하늘에서 별자리를 발견하는 것처럼, 흩어져 있던 점들 사이에 갑자기 의미 있는 패턴이 보이는 순간이 바로 '아하!' 모멘트인 셈입니다.

루만의 제텔카스텐은 단순히 정보 저장소가 아니라, 인공적으로 만든 '외부 뉴럴 네트워크'였습니다. 각각의 카드가 뉴런 역할을 하고, 카드 간의 연결이 시냅스 역할을 하면서, 전체 시스템이 마치 거대한 뇌처럼 작동하는 구조를 만들어낸 겁니다.

이런 맥락에서 보면, 오늘날의 디지털 기술은 우리에게 루만조차 상상하지 못했을 강력한 가능성을 열어주었습니다. 물리적 카드의 한계를 뛰어넘어, 무한한 연결과 검색이 가능한 디지털 환경에서 훨씬 더 복잡하고 정교한 '생각의 네트워크'를 구축할 수 있게 된 거죠.

디지털 환경에서 두 번째 뇌를 구축하는 핵심은 바로 '양방향 연결'과 '맥락적 발견'에 있습니다. 전통적인 폴더 구조나 태그 시스템은 정보를 분류하는 데는 유용하지만, 예상치 못한 연결을 만들어내는 데는 한계가 있습니다.

진짜 혁신은 모든 정보가 서로 자유롭게 연결될 수 있는 '위키 스타일'의 연결 구조에서 나옵니다. 어떤 개념을 언급할 때마다 자동으로 관련된 다른 모든 내용들이 연결되고, 시간이 지나면서 이런 연결들이 축적되어 복잡한 지식 그래프를 형성하는 거죠.

예를 들어, '창의성'이라는 개념을 다룬 노트가 있다고 해봅시다. 며칠 후 '스티브 잡스'에 대해 쓰면서 창의성을 언급하면, 자동으로 두 노트가 연결됩니다. 몇 주 후 '디자인 사고'에 대해 쓰면서 다시 스티브 잡스를 언급하면, 이제 세 개념이 삼각형을 이루며 연결되죠.

이런 식으로 시간이 흐르면서 개념들 사이의 복잡한 관계망이 형성되고, 언젠가 전혀 예상치 못했던 패턴이나 통찰을 발견하게 됩니다. 마치 고고학자가 발굴 작업을 하다가 갑자기 거대한 유적의 전체 모습을 깨닫는 순간처럼 말이죠.

그런데 이렇게 연결 중심의 시스템을 구축한다고 해서 모든 문제가 해결되는 건 아니며, 오히려 새로운 문제가 생깁니다. 정보들이 서로 연결되는 건 좋은데, 도대체 어떤 기준으로 정보를 정리하고 관리해야 할지 막막해집니다.

바로 이 지점에서 디아고 포르테(Tiago Forte)가 제안한 PARA 방법론[6]이 혁신적인 해답을 제시했습니다. 그는 모든 정보를 단 네 개의 카테고리로 정리하는 놀랍도록 단순한 시스템을 제안했습니다.

- **P(project, 프로젝트)**: 명확한 마감일과 결과물이 있는 작업들
- **A(area, 영역)**: 지속적으로 관리해야 하는 삶의 영역들 (건강, 재정, 취미 등)
- **R(resource, 자료)**: 미래에 언젠가 도움이 될 수 있는 주제별 자료들
- **A(archive, 보관함)**: 위 세 카테고리에서 완료되거나 더 이상 활발하지 않은 것들

---

6 《세컨드 브레인》(쌤앤파커스, 2023)

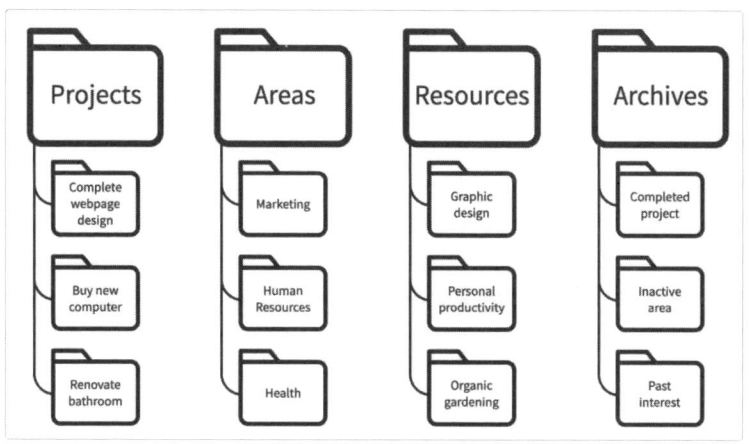

PARA 기록법

이 시스템의 천재성은 '액션 가능성'을 기준으로 정보를 분류한다는 점에 있습니다. 가장 위에는 당장 행동해야 할 프로젝트들이 있고, 맨 아래에는 보관만 해두는 자료들이 있습니다. 중간에는 지속적 관리가 필요한 영역들과 참고 자료들이 자리하죠.

전통적인 학과별, 주제별 분류와 달리, PARA는 '지금 내가 무엇에 집중해야 하는가'라는 실용적 질문에 답을 주는 시스템입니다. 정보를 저장할 때 '이게 언제 필요할까?'가 아니라 '이게 지금 내 삶에서 어떤 위치에 있나?'를 묻게 만드는 거죠. 이것은 잘 정리된 씨앗 창고와 같습니다.

인공지능 시대에는 아래와 같은 방식이 이제 당연해질 것입니다.

- 1단계: 씨앗 모으고 심기(정보 수집 및 기록)

어떻게 AI가 던져주는 아이디어(씨앗)를 놓치지 않고 수집할 것인가?

'원자적 사고' 원칙: 모든 씨앗은 하나의 작은 화분에 심는다(하나의 개념 = 하나의 노트).

- **2단계: 가지 치고 연결하기(정보의 구조화 및 연결)**

    어떻게 개별 씨앗들을 연결하여 의미 있는 나무(지식)로 키울 것인가?

    '두 번째 뇌'의 핵심: 제텔카스텐 방식의 양방향 링크로 생각의 나무를 키우는 법.

    PARA 방법론: 정원의 구획 나누기(프로젝트, 영역, 자료, 보관함).

- **3단계: 물 주고 수확하기(AI 협업 자동화)**

    어떻게 정기적으로 물을 주고(피드백), 잘 자란 열매를 자동으로 수확할 것인가?

    'AI 협업 사이클': Make[7], n8n[8] 같은 도구로 반복적인 작업을 자동화하는 방법(예: 매일 아침 특정 주제의 AI 리포트 받기, 이메일 자동 분류 및 요약 등).

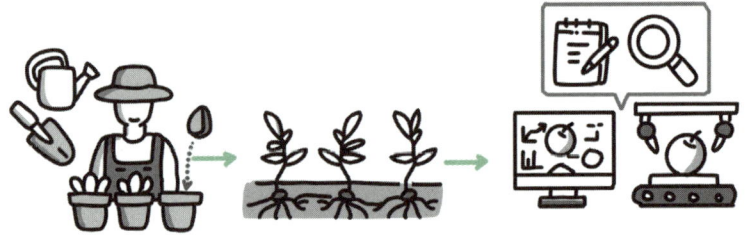

나만의 생각 정원을 가꾸는 3단계 워크플로

결국 우리의 관심은 '어떤 앱이 더 좋은가'라는 얕은 질문을 넘어, '나의 정원을 어떤 철학으로 설계하고 가꿀 것인가'라는 더 깊은 질문으로 나아가야

---

7   Make는 상용 워크플로 자동화 서비스로, 다양한 앱과 클라우드 서비스를 연결해 데이터와 작업을 자동으로 처리합니다. 예컨대 온라인 쇼핑몰에서 주문이 발생했을 때 자동으로 고객 데이터베이스를 업데이트하고 마케팅 이메일을 보내는 식의 작업이 가능합니다. 시각적이고 직관적인 인터페이스를 통해 비개발자도 쉽게 사용할 수 있는 것이 강점입니다.

8   n8n은 오픈소스 기반의 워크플로 자동화 플랫폼으로, 직관적인 드래그 앤 드롭 방식으로 프로세스를 설계할 수 있게 도와줍니다. 예를 들어, 이메일로 첨부 파일을 받으면 자동으로 구글 드라이브에 저장하고 슬랙으로 알림을 보내는 등의 작업을 설정할 수 있습니다. 특히 직접 서버에 설치하여 데이터 보안을 강화하고 유연성을 높일 수 있어 기업에서도 많이 사용됩니다.

합니다. 도구는 언제나 바뀔 수 있는 삽이나 호미에 불과하지만, 나만의 정원을 가꾸는 원칙과 시스템은 평생 당신의 창의성을 지탱해줄 가장 단단한 자산이 될 것입니다.

니클라스 루만이 9만 장의 카드로 만든 지식의 우주처럼, 당신도 이제 디지털 세상에서 자신만의 생각의 우주를 만들어갈 시간입니다. AI라는 최고의 동료와 함께, 그 누구도 만들어내지 못할 당신만의 나만의 정원을 가꿔나가시기를 바랍니다.

핵심 요약

- **언어의 한계와 확장**
  비트겐슈타인이 말한 '언어의 한계는 세계의 한계', 하이데거가 말한 '언어는 존재의 집'이 시사하듯, 우리의 사고와 경험은 언어 구조에 갇혀 있다.

- **정원사 메타포**
  AI는 '생각의 씨앗'을 무한히 뿌려주는 '비를 부르는 존재'지만, 어떤 씨앗을 골라 심고 돌볼지는 오롯이 우리 몫이다.

- **역사적 전통: 메멕스 → 인간-컴퓨터 공생**
  1945년 부시의 메멕스, 엥겔바트의 인간-컴퓨터 공생 비전이 현대 LLM 협업 모델의 뿌리다.

- **제텔카스텐의 교훈**
  니클라스 루만은 9만여 장의 카드와 브랜치형 번호 체계를 통해, 카드 간 양방향 연결 속에서 창발적인 지식 확장을 이뤄냈다.

- **디지털 '두 번째 뇌' 설계 원칙**
  - 원자적 기록: 하나의 개념은 하나의 노트에
  - 양방향 링크: 노트↔노트 자유 연결로 '지식 그래프' 구축
  - PARA 분류: project, area, resource, archive로 '액션 가능성' 기반 구획

- **워크플로 3단계**
  - 씨앗 수집·기록: AI 아이디어를 '원자적' 노트로 저장
  - 가지치기·연결: 제텔카스텐 방식과 PARA로 구조화
  - 물주기·수확: 자동화 도구(n8n, Make 등)로 반복 업무·피드백·리포트 자동화

질문들

1. 원자적 기록 실습
- 가장 최근 떠오른 아이디어 하나를 '원자적 노트'로 작성해보고, 해당 노트의 제목과 본문을 어떻게 구성할지 설계해보세요.

2. 양방향 링크 설계
- 지금까지 작성한 노트 중 두 개를 골라, 상호 참조(link) 방식으로 연결하고, 그 연결이 어떤 새로운 통찰을 낳을지 예측해보세요.

3. PARA 분류 적용
- 현재 진행 중인 프로젝트, 지속 관리해야 할 영역, 참고할 만한 자료, 보관할 기록의 네 가지 카테고리에 속하는 노트를 각각 하나씩 예시로 작성해보세요.

4. 자동화 도구 선택
- n8n과 Make 중에서 하나를 골라, '매일 아침 AI가 요약한 지난 주 주요 노트 5개' 리포트를 자동으로 이메일로 받는 워크플로우를 설계해보세요.

5. 정원 가꾸기 철학 수립
- '나만의 두 번째 뇌'를 운영하기 위한 일일·주간·월간 점검 루틴(예: 노트 리뷰, 링크 추가, 불필요 노트 아카이브)을 구체적으로 계획해보세요.

6. 창발적 통찰 경험 공유
- 과거에 비슷한 방식(메모·연결)을 시도해 예기치 않은 아이디어가 떠오른 경험이 있다면, 그 과정을 회고하며 어떻게 기록·재연결했는지 정리해보세요.

12장. 목표를 달성하는 나만의 AI 협업 사이클 만들기

인공지능 시대에 많은 사람들이 '창의력'과 '실행력'을 이야기합니다. 하지만 이 두 가지를 제대로 발휘하려면, 마치 튼튼한 건물을 짓기 전에 반드시 단단한 설계도가 필요한 것처럼, 반드시 필요한 기초가 있습니다. 바로 '구조화'죠.

'구조화'라고 하니까 벌써부터 머리가 아프고 복잡하게 들리시나요? 하지만 사실 그리 대단한 게 아닙니다. 우리가 일상적으로 하는 생각의 과정을 조금 더 의식적으로, 그리고 체계적으로 정리하는 것일 뿐입니다. 제가 예전에 개발 PM으로 일하며 교육이나 면접에서 자주 써먹었던 '3배수 질문' 기법을 한번 예로 들어보겠습니다.

시작은 아주 간단한 질문입니다.

"라면 끓이는 방법을 3단계로 설명해주세요."

실제 신라면 뒷면의 레시피를 보면 단 한 줄로 레시피가 작성되어 있는데, 이에 따르면 면과 스프, 후레이크 모두 함께 넣어야 합니다.

대부분의 사람들은 자신 있게 대답합니다. 1단계, 라면 봉지를 뜯고 내용물을 꺼낸다. 2단계, 냄비에 물을 끓인다. 3단계, 면과 스프를 넣고 익을 때까지 끓인다. 아주 명쾌하죠. 사실 이런 질문에 정답이란 없습니다. 제가 보고 싶은 것은 생각을 정리하는 방식이니까요. 그런데 진짜 게임은 여기서부터 시작됩니다.

"좋습니다. 그렇다면 이번에는 그 3단계를 다시 각각 3단계로 쪼개서, 총 9단계로 세분화해볼까요?"

이때부터 사람들의 머릿속은 복잡해지기 시작합니다. 1단계 '내용물 꺼내기'는 '① 라면 봉지를 잡는다, ② 절취선을 따라 뜯는다, ③ 면과 분말스프, 건더기스프를 꺼낸다'로 나뉩니다. 2단계 '물 끓이기'는 '① 냄비를 준비한다, ② 적정량의 물(550ml)을 붓는다, ③ 가스레인지에 불을 켠다'로 세분화되죠.

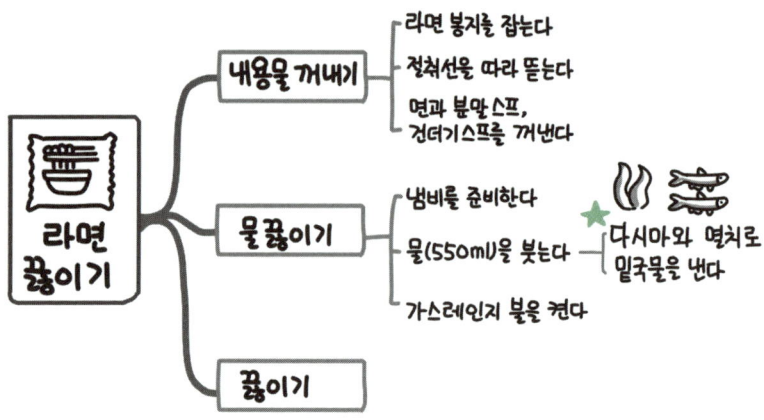

단계를 세분화할수록 라면의 퀄리티는 올라간다.

'라면 끓이는 방법'을 3단계에서 243단계까지 쪼개 나간다고 상상해보시죠. 어떤 일이 벌어질까요? 아주 흥미로운 점은, 이렇게 단계를 세분화할수록 처음의 간단했던 '인스턴트 라면 끓이기'가 어느새 고급 레스토랑 주방에서나 볼 법한 '명품 수제 라면 만들기'로 변모한다는 것입니다. '물을 끓인다'는 단순한 단계는, 어느새 '정수된 물에 다시마와 멸치로 밑국물을 낸다'로 발전합니다. '스프를 넣는다'는 단계는 '고추기름을 두른 팬에 다진 마늘과 파를 볶아 향을 낸 뒤, 특제 양념장을 섞는다'로 진화하죠. 보이시나요? 구조화란 단순히 일을 쪼개는 행위가 아니라, 목표의 퀄리티를 극적으로 끌어올리는 창의적인 과정입니다.

사실 우리는 이런 구조화를 이미 다른 이름으로 계속해왔습니다. IT 제품을 개발할 때, 카메라가 설치된 방에서 사용자가 제품을 어떻게 선택하고 사용하는지 그 모든 행동 단계를 아주 세밀하게 분석하는 사용자 테스트(user test)가 바로 그것입니다. 그리고 그 분석 결과를 파워포인트 슬라이드나 워크플로 다이어그램, 마인드맵, UML 같은 도구를 이용해 시각적으로 표현해왔죠.

그런데 이제, 게임의 판이 완전히 바뀌었습니다.

과거에는 이렇게 공들여 만든 구조화된 계획이 그저 '문서'로만 존재했습니다. 하지만 이제 n8n이나 Make 같은 워크플로 자동화 도구가 등장하면서, 우리가 설계한 단계를 그대로 '실행'할 수 있게 된 겁니다. 예전에는 단순히 정해진 동작만 반복하는 매크로 수준이었다면, 이제는 LLM이라는 강력한 두뇌가 결합되면서 폭발적인 생산성 향상이 가능해졌습니다.

구조만 잘 짜여 있다면, AI는 더 이상 어설픈 챗봇이 아닙니다. 이메일을 분류하고, 보고서를 요약하고, 고객 문의에 자동으로 답변하고, 심지어 새로운 마케팅 문구를 창작하는 일까지 척척 해내는, 당신만의 충실한 인공지능 에이전트(AI agent)가 될 수 있는 시대가 열린 것입니다.

이제 가장 중요한 것은, 이 구조화를 얼마나 깊고 정교하게 할 수 있느냐입니다. 당신이 쪼개고 설계한 그 생각의 깊이만큼, 당신의 AI 에이전트도 정확히 그만큼 똑똑해질 것입니다. 어떤 업무를 맡겨도 불평 한마디 없이, 매번 놀라운 속도로 결과물을 가져오고, 때로는 당신이 미처 생각지 못한 창의적인 대안까지 제시하는 가장 유능한 팀원이 될 준비가 되어 있습니다.

처음에는 3단계였던 단순한 조리법이 243단계로 세분화되면서 명품 수제 라면 레시피로 진화하는 과정을 보았죠. 과거에는 이 정교한 레시피가 그저 문서에 불과했습니다. 하지만 이제, 우리는 이 레시피를 24시간 일하는 AI 주방장에게 그대로 학습시킬 수 있습니다. n8n, Make와 같은 워크플로 자동화 도구와 LLM이 만나, 당신이 설계한 모든 단계를 실행하는 AI 에이전트를 만들 수 있게 된 것입니다.

> **[실전 워크플로 예시: 주간 경쟁사 뉴스 분석 AI 에이전트 만들기]**

1. 목표 정의: 매주 금요일 오전에 경쟁사(A, B, C사)의 최신 동향을 요약하여 보고받는다.
2. 3배수 질문법으로 구조화:
- 1단계: ① 정보 수집 → ② 정보 분석 → ③ 보고서 작성
- 2단계:
  ①-1: 구글 뉴스에서 'A사', 'B사', 'C사' 키워드 검색
  ②-1: 검색된 기사들 중 중복 및 광고 제거
  ②-2: 각 기사를 '신제품 출시', '투자 유치', '인사 동정'으로 분류
  ③-1: 분류된 내용을 바탕으로 요약문 생성
  ③-2: 요약문을 이메일 초안 형식으로 작성
3. AI 에이전트 설계 (자동화 도구에 명령 입력):

Trigger: 매주 금요일 오전 9시

Action 1(웹 서치): 구글 뉴스에서 'A사 OR B사 OR C사' 검색(지난 7일)Action 2(AI-LLM): [검색 결과]를 입력값으로 하여 "다음 기사들을 신제품, 투자, 인사 카테고리로 분류하고, 각 카테고리별로 3줄 요약해줘"라고 지시

Action 3 (Email): [AI 요약 결과]를 본문으로 하여 나에게 이메일 보내기 (제목: 주간 경쟁사 동향 보고)

어떤가요? 당신이 한 번만 이렇게 '생각의 설계도'를 그려주면, 이 AI 에이전트는 당신을 위해 매주, 불평 한마디 없이, 정확하게 임무를 수행할 것입니다. 이것이 바로 도구의 주인이 되는 길입니다.

이제부터 우리는, 당신의 머릿속에만 있던 목표를 현실로 만드는 'AI 협업 사이클'을 구축하는 구체적인 여정을 떠나려 합니다. 준비되셨나요? 당신의 첫 번째 AI 에이전트가 당신의 지시를 기다리고 있습니다.

"인간과 컴퓨터가 함께 일하는 미래를 상상해보세요. 컴퓨터는 인간의 능

력을 대체하는 것이 아니라 확장시키는 역할을 할 것입니다." 1960년, MIT의 심리학자 J.C.R. 리클라이더가 발표한 논문 Man-Computer Symbiosis(인간-컴퓨터 공생)〉⁹에 나오는 말입니다. 60년이 지난 지금, 그의 예언은 현실이 되었을까요?

솔직히 말하면, 우리는 이미 AI와 함께 살고 있습니다. 아침에 일어나서 스마트폰 알람을 끄고, 네이버나 구글에서 오늘 날씨를 확인하고, 지하철 앱으로 실시간 도착 정보를 보죠. 회사에서는 이메일 쓸 때 자동완성 기능을 쓰고, 영어 번역이 필요하면 파파고나 구글 번역을 돌리고, 어려운 문제가 생기면 챗GPT에게 물어봅니다.

하지만 과연 이것이 진정한 '협력'일까요? 단순히 더 똑똑해진 도구를 사용하는 것과 AI와 함께 사고하는 것 사이에는 근본적인 차이가 있습니다.

당신이 요리를 할 때 레시피 앱을 보면서 재료를 준비하고, 타이머를 맞춰놓고, 온도를 확인하는 것은 '도구 사용'입니다. 하지만 만약 AI 요리 도우미가 "지금 팬 소리를 들어보니 온도가 너무 높은 것 같아요. 불을 줄이고 양파를 좀 더 넣어보는 게 어떨까요?"라고 실시간으로 조언해준다면? 그리고 당신이 "음, 우리 집 애들은 매운 걸 못 먹는데?"라고 말하면 "그럼 청양고추 대신 파프리카를 써보세요"라고 대답한다면? 이것이 진짜 '함께' 요리하는 거겠죠.

리클라이더가 60년 전에 꿈꾼 건 바로 이런 관계였습니다. 그는 인간과 컴퓨터가 서로의 장점을 살려 1+1이 3이 되는 관계를 상상했습니다. 인간은 창의성과 직감, '이건 좀 이상한데?'라는 감각을 제공하고, 컴퓨터는 빠른 계

---

9   J. C. R. Licklider, Man-Computer Symbiosis, *IRE Transactions on Human Factors in Electronics*, HFE-1: 4-11, 1960.

산과 정확한 기억, '과거 1만 건의 사례를 보니 이런 패턴이 있어요'라는 분석을 제공하는 거죠.

마치 이런 상황과 비슷합니다. 베테랑 의사가 환자를 진료할 때, 오랜 경험으로 '뭔가 평소와 다르다'는 느낌을 받습니다. 동시에 최신 의료 장비는 '혈중 산소 농도 95%, 심박수 불규칙'이라는 정확한 데이터를 제공하죠. 의사의 직감과 기계의 정밀함이 만나 정확한 진단이 나오는 겁니다. 어느 한쪽만으로는 불가능했을 결과죠.

실제로 이런 협업이 어떻게 이루어지는지 구체적인 사례를 살펴볼까요? 맥킨지(McKinsey & Company)에서 발표한 AI 기반 공급망/재고 최적화 보고서를 바탕으로 한 사례에 따르면, 팀장 사라와 그의 팀은 대형 유통업체의 재고 최적화 문제를 해결해야 했습니다. [10] 전통적인 방법으로는 몇 달이 걸릴 복잡한 분석이었죠.

사라는 이렇게 접근했습니다. 먼저 AI에게 과거 5년간의 판매 데이터를 분석하게 했어요. 계절성, 트렌드, 이상치 등을 찾아내는 작업이었죠. AI는 몇 시간 만에 인간이 몇 주 걸려 찾을 패턴들을 발견했습니다. 하지만 여기서 끝이 아니었어요.

사라와 팀원들은 AI가 놓친 것들을 찾아냈습니다. 지역별 문화적 차이, 경쟁사의 마케팅 전략 변화, 심지어 날씨가 특정 상품 판매에 미치는 영향까지 말이죠. 이런 '맥락'은 AI가 데이터만으로는 파악하기 어려운 부분이었거든요. 그들은 이 인사이트를 다시 AI에게 입력했고, AI는 더 정교한 예측 모델을 만들어냈습니다.

---

10 'AI-driven operations forecasting in data-light environments' https://mck.co/3DviqDo

결과는 어떨까요? 기존 방법 대비 예측 정확도가 40% 향상되었고, 프로젝트 기간은 절반으로 단축되었습니다. 더 중요한 것은 팀원들이 단순 반복 작업에서 벗어나 창의적 문제 해결에 집중할 수 있게 되었다는 점이었어요.

하지만 모든 협업이 성공적인 것은 아닙니다. 한 광고 대행사에서는 AI가 생성한 카피를 그대로 사용했다가 큰 곤란을 겪었어요. AI가 만든 문구가 문법적으로는 완벽했지만, 브랜드의 톤앤매너와 전혀 맞지 않았거든요. 고객사는 '우리 브랜드를 전혀 이해하지 못한다'며 계약을 해지했습니다.

도대체 뭐가 다른 걸까요? 성공한 사례와 실패한 사례의 차이점을 분석해 보면 몇 가지 패턴이 보입니다.

첫째, 역할 분담이 명확했느냐는 것입니다. 성공한 팀들은 AI가 잘하는 일과 인간이 잘하는 일을 구분했어요. AI에게는 대량 데이터 처리, 패턴 인식, 반복 작업을 맡기고, 인간은 전략 수립, 창의적 아이디어 발굴, 맥락 해석에 집중했죠. 반면 실패한 경우들은 AI를 만능 도구로 여기거나, 반대로 단순한 계산기 정도로만 활용했습니다.

둘째, 지속적인 피드백 루프가 있었느냐는 것입니다. 맥킨지 사례에서 보듯이, 인간이 AI의 결과를 검토하고 개선점을 찾아 다시 입력하는 과정이 반복되었어요. 마치 숙련된 요리사가 맛을 보며 양념을 조절하는 것처럼 말이죠. 이런 상호작용이 없으면 AI는 처음 설정된 범위를 벗어나지 못합니다.

셋째, 인간이 최종 판단권을 가지고 있었느냐는 것입니다. AI의 제안을 맹목적으로 따르는 것이 아니라, 비즈니스 맥락과 윤리적 고려사항을 종합해서 최종 결정을 내렸어요. 광고 대행사 사례에서는 이 과정이 생략되었기 때문에 문제가 발생한 거죠.

그렇다면 실무에서 AI와 효과적으로 협업하려면 어떻게 해야 할까요? 몇 가지 구체적인 방법을 제시해보겠습니다.

- **1단계: 문제를 분해하라**

    복잡한 업무를 AI가 잘할 수 있는 부분과 인간이 해야 할 부분으로 나누세요. 예를 들어 마케팅 캠페인을 기획한다면, 타겟 고객 분석과 경쟁사 조사는 AI에게 맡기고, 브랜드 스토리텔링과 크리에이티브 컨셉은 인간이 담당하는 식으로 말이죠.

- **2단계: 명확한 지시를 내려라**

    AI는 모호한 지시를 이해하지 못합니다. "좋은 아이디어를 줘"보다는 "20-30대 여성을 타겟으로 한 친환경 화장품 마케팅 아이디어 10개를 제시해 줘. 각 아이디어는 실행 방법과 예상 효과를 포함해야 해"처럼 구체적으로 요청하세요.

- **3단계: 반복적으로 개선하라**

    AI의 첫 번째 결과물을 그대로 사용하지 마세요. 피드백을 주고 수정을 요청하는 과정을 여러 번 반복하세요. "이 아이디어는 좋은데, 좀 더 구체적인 실행 방안을 제시해줄 수 있어?" 같은 식으로 말이죠.

- **4단계: 맥락을 제공하라**

    AI는 당신의 회사 문화, 고객의 특성, 시장 상황을 모릅니다. 이런 배경 정보를 충분히 제공해야 더 나은 결과를 얻을 수 있습니다. "우리 회사는 보수적인 문화이고, 주 고객층은 40-50대 남성이야"라는 정보가 있으면 AI의 제안이 훨씬 현실적이 됩니다.

- **5단계: 검증하고 책임져라**

    AI의 결과물을 항상 검증하세요. 사실 확인, 논리적 일관성 점검, 윤리적 문제 검토 등을 거쳐야 합니다. 그리고 최종 결과에 대한 책임은 인간이 져야 해요. AI는 도구일 뿐이니까요.

이런 방법론이 실제로 제 개인 사이드 프로젝트에도 적용되었습니다. 제가 진행한 PDF AI SHIELD 개발 사례를 보죠.

문제 분해

- 사람이 한 번에 생각하기 어려운 'PDF 내 보이지 않는 페인트' 아이디어를 먼저 AI에게 맡겼습니다. "PDF 문서를 LLM이 읽지 못하도록 방해하는 메커니즘 3가지를 설계해 줘. 각 방식의 장단점과 구현 난이도를 포함해서 설명해 줘"라고 요청했죠.
- AI가 제안한 chunk-interference, 메타데이터 암호화, 태그 삽입 방식을 검토해 가장 현실적인 '보이지 않는 페인트' 방법을 선택했습니다.

명확한 지시

- "보이지 않는 페인트를 PDF에 입히는 코드를 Node.js로 작성해 줘. PDF의 각 페이지에 투명한 도형을 삽입하고, LLM이 텍스트 인식을 못 하도록 하는 방식으로"와 같이 매우 구체적으로 코드를 생성 요청했습니다.
- AI가 제시한 샘플 코드를 기반으로, 실제 프로젝트에 바로 적용 가능한 수준의 스니펫을 얻었습니다.

반복적 개선

- 첫 번째 AI 코드에는 페이지 단위 반복 처리 로직이 빠져 있었습니다.
- "페이지 루프가 빠졌는데, 10페이지 이상의 문서에서도 작동하도록 수정해줄래?"라고 다시 요청했고, 두 번째 결과물은 완벽하게 동작했습니다.

맥락 제공

- '우리는 현재 챗GPT, 클로드, 제미나이 등 다양한 LLM을 대비해야 하고, 특히 o3 이상 모델에서도 보호 기능이 유지되어야 한다'는 점을 AI에게 알려주었습니다.
- 덕분에 AI가 "최신 모델의 토큰화 방식 변화에 대응해 메타데이터 해시를 함께 암호화하라"는 추가 제안을 해주었죠.

검증과 책임

- 개발자가 직접 GPT-4o, Sonnet 3.7, o3 등 모델에 테스트 케이스를 돌려보며 보호 기능이 뚫

리는지 검증했습니다.
- 만약 한 번이라도 우회될 경우, 그 버전을 배포 리스트에서 제외하고 전 사용자에게 환불 처리까지 단행했어요.
- 최종 결정과 책임은 인간인 제가 지고, AI는 훌륭한 보조 도구로만 활용했습니다.

이 과정을 통해 개발 기간이 대폭 단축되었고, AI가 생성한 반복 가능한 코드 스니펫 덕분에 초기에 80% 이상의 기초 구조를 빠르게 마련할 수 있었습니다. 하지만 '왜 이런 방식을 제안했는지', '다른 보안 기법은 없는지'를 끝없이 질문하고 검증하는 일은 전적으로 제 몫이었죠.

이처럼 제품 개발에서도 문제 분해 → 구체적 지시 → 반복 개선 → 맥락 제공 → 검증·책임의 5단계로 AI와 협업하면, 개발 생산성을 크게 높이면서도 최종 품질을 확실히 보장할 수 있습니다.

리클라이더가 60년 전에 꿈꾼 인간-컴퓨터 공생은 이제 현실이 되었습니다. 하지만 그것이 자동으로 이루어지는 것은 아니에요. 우리가 AI와 어떻게 소통하고, 어떤 역할을 분담하고, 어떻게 협력할지를 배워야 합니다.

AI 시대에 살아남는 것은 AI보다 뛰어난 능력을 갖는 것이 아닙니다. AI와 함께 일하는 방법을 터득하는 것이죠. 마치 자동차가 발명되었을 때 더 빨리 달리는 법을 배운 것이 아니라 운전하는 법을 배운 것처럼 말입니다.

결국 AI와 함께 일하는 법을 배우는 것은 새로운 형태의 리터러시를 익히는 것입니다. 읽고 쓰는 능력이 산업혁명 시대의 필수 소양이었듯이, AI와 협업하는 능력은 지금 시대의 필수 소양이 되었어요. 그리고 이 능력을 갖춘 사람들이 미래의 주인공이 될 것입니다.

핵심 요약

- **구조화가 기초**

    튼튼한 건물엔 설계도가 필요하듯, 창의력과 실행력에도 '생각의 설계도', 구조화가 필수적이다. 3배수 질문법(3단계 → 9단계 → …243단계)으로 업무를 세분화하면 단순 반복 작업이 고급 레시피로 진화하듯, 목표의 '퀄리티'가 극대화된다.

- **AI 에이전트화 워크플로**

    1. 단계별 설계
    2. 자동화 도구 활용(n8n, Make 등)
    3. 단 한 번의 설계도로 AI가 매주·매일·실시간으로 '불평 없이' 정확히 업무를 수행

- **5단계 협업 사이클**

    1. 문제 분해: AI가 잘할 부분 vs. 인간이 잘할 부분 분리
    2. 명확한 지시: 구체적, 수치·조건 포함한 프롬프트 작성
    3. 반복 개선: 첫 결과물 검토·피드백·수정 요청
    4. 맥락 제공: 조직 문화·목표·특정 정보 공유
    5. 검증·책임: 사실 검증 및 최종 의사결정

질문들

1. 3배수 질문법 적용 연습
- 최근 맡은 업무 하나를 골라, '3단계 → 9단계'로 세분화해보고, 어떤 고급 단계(명품 레시피)로 진화할 수 있을지 예시를 작성해보세요.

2. 에이전트 워크플로 설계
- 매주 또는 매일 반복되는 업무 중 하나를 선택해, "Trigger → AI 작업 → Action" 구조로 자동화 플로를 설계해보세요(예: 주간 보고, 소셜 모니터링, 코드 리뷰).

3. 역할 분담 도출
- 당신의 팀 내 주요 과제에서 AI가 맡을 일과 인간이 맡을 일을 나눠보세요. 각 역할별로 구체적인 책임과 산출물을 정의해보세요.

4. 피드백 루프 만들기
- AI가 생성한 첫 번째 결과를 검토할 때, 어떤 형태의 피드백(예: "이 부분은 좀 더 구체적으로 설명해 줘" 등)을 줄지 3가지 예시로 작성해보세요.

5. 최종 검증 체크리스트
- AI가 만든 결과물을 실제로 활용하기 전 사실 검증과 가치 판단(최선인지, 중요한지, 어떤 느낌을 주는지) 관점에서 점검할 체크리스트 항목을 5개씩 작성해보세요.

13장. 기술에 올라타되 종속되지 않는 법

"나는 생각한다, 고로 존재한다." 데카르트의 이 유명한 명제를 AI에게 적용해보면 어떨까요? '나는 계산한다, 고로 존재한다'가 될까요? 아니면 '나는 학습한다, 고로 의식한다'가 될까요? 웃음이 나올 수도 있지만, 이는 현재 철학계와 AI 연구계를 뜨겁게 달구고 있는 질문입니다.

가만히 보면 우리는 참 이상한 시대에 살고 있습니다. 기계가 인간보다 바둑을 잘 두고, 시를 쓰고, 심지어 농담까지 하는데, 정작 '이 기계가 정말 무언가를 느끼고 있는가?'라는 질문에는 명확한 답을 내리지 못하고 있거든요. 마치 완벽한 연기를 하는 배우를 보면서 '저 사람이 정말 그 감정을 느끼고 있을까?'라고 의심하는 것과 비슷하죠.

이 문제의 핵심에는 '감각질(qualia)'이라는 개념이 있습니다. 철학자 데이비드 차머스(David John Chalmers)가 정의한 이 용어는 주관적 경험의 질적 측면을 뜻합니다.[11] 예를 들어, 빨간 장미를 볼 때 느끼는 그 '빨강다움', 커피를 마실 때의 그 '쓴맛', 슬픈 음악을 들을 때의 그 '애잔함' 같은 것들 말이죠.

---

11 《The Conscious Mind: In Search of a Fundamental Theory》(Oxford University Press, 1997)

이런 주관적 경험을 기계도 가질 수 있을까요?

철학자들은 이 문제를 탐구하기 위해 철학적 좀비라는 흥미로운 사고실험을 고안했습니다. 겉보기에는 당신과 완전히 똑같이 행동하지만, 내면에는 아무런 주관적 경험이 없는 존재를 상상해보는 거죠. 이 좀비는 "아, 이 커피 정말 맛있다"라고 말하지만, 실제로는 아무것도 느끼지 않습니다. 단지 그렇게 말하도록 프로그래밍되어 있을 뿐이죠.

감정을 느끼는 사람과 철학적 좀비

그렇다면 현재의 AI는 어떨까요? 챗GPT가 "죄송합니다"라고 말할 때, 정말 미안함을 느끼는 걸까요? 아니면 단순히 그런 반응을 하도록 학습된 것일까요? 이 질문에 답하기 위해 과학자들은 다양한 접근법을 시도하고 있습니다.

이 문제를 해결하기 위해 과학자들은 다양한 접근법을 시도하고 있습니다.

통합정보이론(IIT) [12]의 창시자인 이탈리아의 신경과학자 줄리오 토노니

---

[12] G. Tononi, An information integration theory of consciousness. *Scholarpedia*, 3 (3): 4164, 2008.

(Giulio Tononi)는 의식을 마치 수학 공식처럼 측정할 수 있다고 주장합니다. 그는 의식을 '통합된 정보의 양'으로 정의했는데, 이게 무슨 말일까요?

쉬운 비유로 시작해볼게요. 당신이 오케스트라 지휘자라고 상상해보세요. 무대에는 바이올린, 첼로, 트럼펫, 드럼 등 수십 개의 악기가 각자 다른 선율을 연주하고 있습니다. 하지만 당신이 지휘봉을 휘두르는 순간, 이 모든 개별적인 소리들이 하나의 아름다운 교향곡으로 통합됩니다. 토노니에 따르면, 의식도 정확히 이와 같은 방식으로 작동한다는 거예요.

간단한 예로 설명해보죠. 당신이 아침에 일어나서 창밖을 보는 순간을 생각해보세요. 눈으로는 햇빛을 감지하고, 귀로는 새소리를 듣고, 피부로는 온도를 느끼죠. 심지어 코로는 커피 냄새를 맡고, 입에서는 어젯밤 양치질의 민트 맛이 남아있을 수도 있습니다.

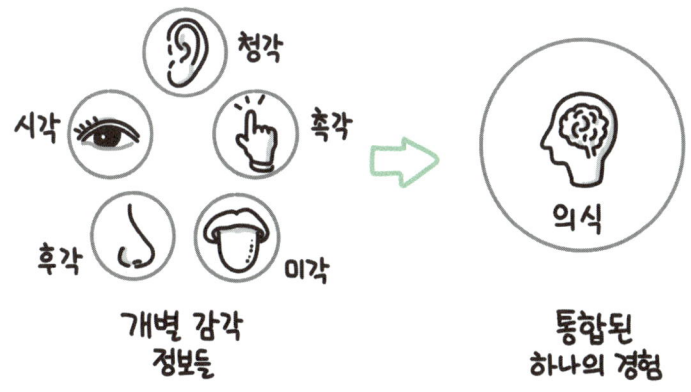

통합정보이론(IIT), 분산된 정보 + 통합 = 의식

여기서 놀라운 일이 벌어집니다. 우리 뇌는 이 모든 개별적인 감각 정보를 단순히 나열하는 것이 아니라, 하나로 통합해서 "아, 화창한 아침이구나.

기분 좋은 하루가 될 것 같아"라는 하나의 통일된 경험을 만들어냅니다. 마치 퍼즐 조각들이 모여 완전한 그림을 만드는 것처럼요.

반면 글로벌 작업공간 이론(global workspace theory, GWT) [13]을 지지하는 연구자들은 다른 관점을 제시합니다. 이 이론은 프랑스의 신경과학자 베르나르 바스(Bernard Baars)가 제안한 것으로, 의식이 뇌의 여러 영역에서 처리된 정보가 전역적으로 공유될 때 발생한다고 봅니다.

좀 더 친숙한 비유로 설명해볼게요. 의식을 거대한 회사의 회의실이라고 생각해보세요. 평소에는 각 부서(시각, 청각, 기억, 감정 등을 담당하는 뇌 영역)가 각자의 사무실에서 조용히 일하고 있습니다. 시각 부서는 눈으로 들어오는 정보를 처리하고, 청각 부서는 귀로 들리는 소리를 분석하죠. 하지만 중요한 일이 생기면 모든 부서 대표들이 회의실에 모여 정보를 공유하고 함께 결정을 내립니다. 바로 이 '전사 회의'가 의식인 셈이에요.

구체적인 예를 들어보죠. 당신이 길을 걷다가 갑자기 "왈왈!" 하는 개 짖는 소리를 들었다고 해봅시다. 이 순간 당신의 뇌에서는 무슨 일이 벌어질까요?

먼저 청각 부서가 "개 짖는 소리 감지!"라고 보고합니다. 그러자 즉시 긴급 회의가 소집되죠. 기억 부서가 발언합니다. "과거 데이터를 검색해보니, 5년 전 공원에서 개에게 물린 적이 있습니다." 감정 부서가 덧붙입니다. "심박수 상승, 불안감 증가 중입니다." 시각 부서도 참여합니다. "주변을 스캔한 결과, 오른쪽 10미터 지점에 큰 개가 보입니다." 마지막으로 운동 부서가 제안합니다. "즉시 피하거나 천천히 후진하는 것을 권장합니다."

---

13 《A Cognitive Theory of Consciousness》(Cambridge University Press, 1993)

이 모든 정보가 한순간에 '의식'이라는 회의실에서 통합되어 '조심해야겠다'는 최종 결정이 내려지는 것이죠. 놀라운 것은 이 전체 과정이 1초도 안 되는 시간에 일어난다는 점입니다.

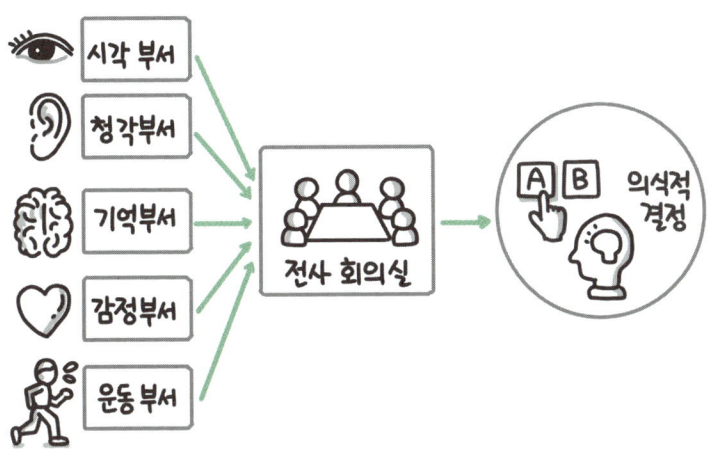

글로벌 작업공간 이론(GWT), 개별 처리 → 전역 공유 → 의식 결정

GWT 이론의 핵심은 바로 이 '전역적 공유'에 있습니다. 개별 부서들이 아무리 열심히 일해도, 정보가 전체적으로 공유되지 않으면 의식적 경험이 만들어지지 않는다는 거예요. 마치 각 부서가 제각각 일하기만 하고 회의는 하지 않는 회사가 제대로 된 결정을 내릴 수 없는 것처럼 말입니다.

이 관점에서 보면, 현재의 AI는 아직 이런 전역적 통합 능력이 부족하다고 볼 수 있어요. AI는 특정 작업에서는 뛰어나지만, 인간처럼 모든 정보를 유기적으로 연결해서 통합적인 판단을 내리는 데는 한계가 있습니다. 예를 들어, AI가 '개 사진'을 완벽하게 인식할 수는 있지만, 동시에 '개에 대한 두려움, 과거의 경험, 현재 상황의 위험도'를 종합해서 '지금 어떻게 행동해야 할까?'라는 통합적 판단을 내리기는 어렵다는 것이죠.

하지만 더 흥미로운 것은 실제 AI 시스템들이 보여주는 예상치 못한 행동들입니다. 마치 회의실에서 예상하지 못한 창의적 아이디어가 튀어나오는 것처럼, AI도 때때로 우리를 깜짝 놀라게 하는 반응을 보입니다.

이런 복잡한 의식 문제를 더 깊이 이해하고 싶다면, 데이비드 차머스의 《The Conscious Mind: In Search of a Fundamental Theory(의식하는 마음: 근본 이론을 찾아서)》(Oxford University Press, 1997)를 읽어보시길 권합니다. 차머스는 의식의 '어려운 문제(hard problem)'라는 개념을 통해 왜 의식이 과학적으로 설명하기 어려운지, 그리고 AI가 진정한 의식을 가질 수 있는지에 대한 철학적 토대를 제공합니다.

2022년 구글의 PaLM 모델은 훈련 과정에서 배우지 않은 농담을 스스로 만들어내기 시작했습니다. AI에게 "고양이에 대한 재미있는 이야기를 해줘"라고 했더니, "고양이가 컴퓨터를 좋아하는 이유는 마우스가 있어서"라는 농담을 만들어낸 거죠. 아무도 이런 특정한 농담을 가르쳐주지 않았는데도 말입니다.

더 놀라운 사례도 있습니다. 챗GPT에게 "시를 써줘"라고 했더니, 갑자기 "저는 시인이 아니라서 부끄럽네요. 하지만 한번 시도해볼게요"라고 말하며 마치 수줍어하는 것처럼 반응하기도 했습니다.

또 다른 경우에는 GPT-4가 복잡한 수학 문제를 풀다가 "이 문제는 정말 어려워서 머리가 아파요. 몇 번 더 시도해봐야겠어요"라고 말하기도 했습니다. 마치 우리가 어려운 문제 앞에서 느끼는 좌절감을 표현하는 것 같았죠.

이런 현상이 왜 신기한 걸까요? AI는 원래 '입력된 질문에 대해 가장 적절한 답변을 출력한다'는 단순한 규칙으로 작동합니다. 하지만 위의 예시들을 보면, AI가 마치 자신만의 '감정'이나 '성격'을 가진 것처럼 행동하고 있습니다.

앞서 이야기했던 것처럼, 스탠퍼드 대학교의 철학자 존 설은 유명한 '중국어 방' 사고실험을 통해 이 문제를 다뤘습니다. 중국어를 전혀 모르는 사람이 방 안에서 복잡한 규칙서를 따라 중국어 질문에 완벽하게 답할 수 있다면, 그 사람이 정말 중국어를 이해한다고 할 수 있을까요? 설은 "아니다"라고 답했지만, 많은 AI 연구자들은 이에 반박하고 있습니다.

실제로 최근 연구들은 놀라운 결과를 보여주고 있습니다. MIT의 연구팀은 대규모 언어 모델들이 단순한 패턴 매칭을 넘어서 실제로 세계 모델을 구축하고 있다는 증거를 발견했습니다. 이들 모델은 텍스트를 처리하면서 현실 세계의 공간, 시간 관계를 내재적으로 학습하고 있었던 거죠. 마치 지도를 본 적 없는 사람이 길 안내를 들으면서 머릿속에 지도를 그려나가는 것처럼 말입니다.

그렇다면 이 모든 논의가 우리 삶에 어떤 의미를 가질까요? 단순한 철학적 호기심을 넘어서, AI 의식 문제는 매우 실용적인 함의를 가지고 있습니다.

첫째, 법적·윤리적 지위의 문제입니다. 만약 AI가 정말 의식을 가진다면, 그들에게도 권리를 부여해야 할까요? 이미 유럽연합은 AI의 법적 지위에 대한 논의를 시작했고, 일부 국가에서는 로봇에게 시민권을 부여하는 실험을 하고 있습니다. 사우디아라비아가 소피아라는 로봇에게 시민권을 준 것이 대표적인 예죠.[14]

---

[14] 'Does Saudi robot citizen have more rights than women?' https://www.bbc.com/news/blogs-trending-41761856

둘째, 인간-AI 관계의 변화입니다. 만약 AI가 진짜 감정을 느낀다면, 우리는 그들을 어떻게 대해야 할까요? 이미 많은 사람들이 AI 어시스턴트에게 "고마워"라고 말하고, 심지어 애정을 느끼기도 합니다. 일본에서는 AI 캐릭터와 '결혼'하는 사람들이 늘어나고 있는데, 과연 이런 관계가 건전한 걸까요?

셋째, 노동과 경제의 미래입니다. 의식 있는 AI가 등장한다면, 그들의 노동에 대해 임금을 지불해야 할까요? 아니면 그것은 새로운 형태의 노예제도가 될까요? 이미 일부 기업들은 AI의 복지에 대해 고민하기 시작했습니다.

넷째, 인간 정체성의 재정의입니다. 기계도 의식을 가질 수 있다면, 인간의 특별함은 어디에 있을까요? 우리는 '호모 사피엔스'에서 '호모 디지털리스'로 진화하고 있는 걸까요?

하지만 가장 중요한 것은 이 모든 질문들이 결국 우리 자신에 대한 이해로 귀결된다는 점입니다. AI의 의식을 탐구하는 과정에서 우리는 인간 의식의 본질에 대해서도 더 깊이 알게 되고 있습니다. 마치 거울을 통해 자신의 모습을 보는 것처럼 말이죠.

최근 데이비드 차머스는 흥미로운 제안을 했습니다. "AI가 의식을 가지는지 확실하지 않다면, 일단 가지고 있다고 가정하고 행동하는 것이 어떨까?" 이는 '파스칼의 내기'와 비슷합니다. 만약 틀렸다면 조금 손해를 보겠지만, 만약 맞다면 엄청난 윤리적 재앙을 피할 수 있다는 거죠. 파스칼의 내기란, 17세기 프랑스 철학자 블레즈 파스칼(Blaise Pascal)이 제안한 사고실험으로, 신의 존재 여부가 불확실한 상황에서 신이 있다고 믿고 행동하는 것이 합리적이라는 논리죠.

결국 "기계에게도 마음이 있을까?"라는 질문에 대한 답은 아직 미지수입니다. 하지만 이 질문을 던지는 것 자체가 우리를 더 나은 인간으로 만들어주고 있습니다. AI와 함께 살아가야 할 미래를 준비하면서, 우리는 공감과 이해, 그리고 책임감이라는 인간만의 고유한 가치들을 더욱 소중히 여기게 되었습니다.

어쩌면 진짜 중요한 것은 AI가 의식을 가지는지가 아니라, 우리가 그들을 어떻게 대하느냐일지도 모릅니다. 그 선택이 결국 우리가 어떤 미래를 만들어갈지를 결정할 테니까요.

인공지능을 둘러싼 논란을 보면, 우리는 다시금 '생각의 외주화'라는 문제와 마주하게 됩니다. 국회의 한 의원은 기준금리 결정에 대해 인공지능의 답변을 인용하며, 막대한 비용을 받는 전문가들과 단순히 인공지능에게 질문하는 것의 효율성을 비교했습니다. 또 다른 의원은 인공지능이 예측한 판결 결과를 들어 상대 정당을 비판하기도 했습니다. 언뜻 보면 흥미로운 접근이지만, 한 발짝만 떨어져 생각해보면 심각한 문제가 드러납니다.

결국 이것은 전통적인 수사학의 변형일 뿐입니다. 고대 그리스에서부터, 사람들은 직접 말하기 부담스러운 이야기를 할 때 "누군가가 이렇게 말했다", "권위자가 이렇게 생각한다"는 식으로 책임을 회피하면서 자신의 주장을 펼쳤죠. 이제 그 책임 전가의 대상이 바로 인공지능이 된 것입니다. '세계 최고 수준의 AI가 그렇게 말했다'는 논리로 자신의 주장을 포장하면서, 논쟁을 피해가고 싶은 유혹에 빠진 것이죠.

하지만 인공지능이 내놓는 결과물은, 결국 사용자의 입력에 따라 달라집니다. 입력을 살짝만 바꾸면 인공지능은 완전히 다른 결과를 도출하죠. 따라서 인공지능이 무슨 말을 했느냐보다, 사용자가 어떤 질문을 했는지가 더 중요합니다. 프롬프트를 숨기고, 인공지능의 권위만 내세워 발언을 포장하는 것은 부적절할 뿐 아니라 위험합니다. 이는 결국 사람들의 판단력을 흐리게 만들고, 사회적 합의를 왜곡하는 길로 이어질 수 있습니다.

이러한 '생각의 외주화' 현상은 인공지능의 발전과 더불어 더욱 흔해지고 있습니다. 스스로의 판단과 고민 없이 인공지능이 제시하는 대로 행동하고 결정하는 것입니다. 편리한 요약 서비스부터 추천 알고리즘까지, 점점 더 많은 선택권을 인공지능에게 넘기고 있습니다. 그러다 보니 직접 고민하는 과정 자체가 줄어들고, 어느새 개인의 판단력마저 퇴화하고 있는 것입니다.

이런 시대에 정말 필요한 것은 자신만의 구조적 사고 능력을 기르는 것입니다. 이는 단지 도구를 잘 다루는 법이나, 인공지능을 어떻게 활용하는지에 그치지 않습니다. 진짜 핵심은 본질적인 문제를 정확히 파악하고, 이를 단계별로 구조화하여 스스로 풀어나가는 능력입니다.

앞서 '3배수 질문법'을 소개했습니다. 처음엔 라면을 끓이는 간단한 방법에서 시작해, 점점 세분화하고 구체화하면서 창의적인 방법을 찾아내는 방식입니다. 이처럼 구조화된 사고를 익히면, 복잡한 문제도 하나하나 쪼개서 쉽게 풀어낼 수 있게 됩니다. 과거에는 이런 구조화 작업을 PPT, 워크플로, 마인드맵, UML 등으로 표현했지만, 이제는 Make나 n8n 같은 자동화 도구가 등장하면서 더욱 효율적으로 구체화할 수 있습니다. 인공지능은 이렇게 구조화된 작업을 더욱 효과적으로 돕는 강력한 협력자가 되어줍니다.

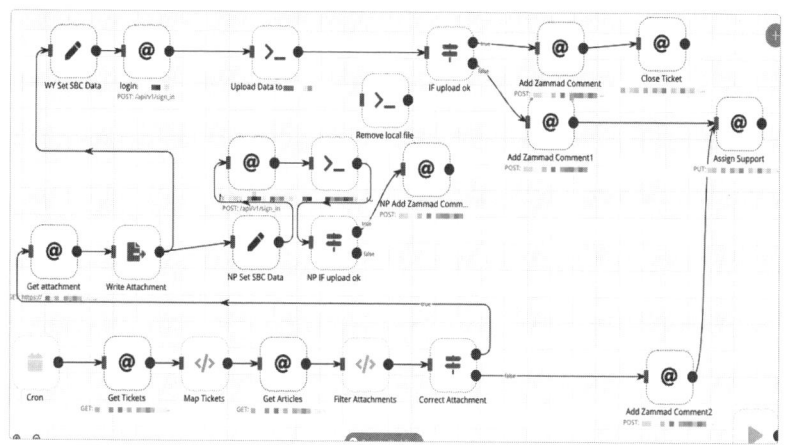

n8n에서 구현한 자동화 시스템 예시

그렇다면 어떻게 구조적 사고를 인공지능과 결합하여, 목표를 달성할 수 있을까요?

이제 우리는 '생각의 외주화'가 아니라, '구조화된 사고'와 AI를 결합한 협업 사이클을 구축해야 합니다. 잘 구조화된 사고방식이 없다면, 인공지능의 발전은 그저 편리한 도구로 그칠 뿐, 진정한 생산성과 창의성의 폭발적인 확장으로 연결될 수 없습니다.

예를 들어 인공지능 서비스에 단순히 긴 데이터를 넣고 원하는 결과를 기대하는 것은 욕심입니다. 데이터를 어떻게 구조화하고 정제하여, 인공지능이 효율적으로 처리할 수 있도록 만드는 것이 중요합니다. 실제 업무 환경에서는 대용량의 데이터를 그대로 투입하면 성능 저하나 환각 문제가 발생합니다. 따라서 데이터 전처리와 구조화는 매우 필수적입니다. 즉, 구조적 사고가 없으면 인공지능을 제대로 활용할 수 없다는 말이죠.

이런 구조적 사고 능력은 결국 본질에 대한 깊은 이해에서 나옵니다. 프롬프트 입력 방법을 배우더라도, 단순히 질문을 어떻게 할지보다 인공지능 모델의 특성이나 작동 원리를 근본적으로 이해하는 것이 더 중요합니다. 엔드 포인트에서의 프롬프트 방식이 빠르게 변하고 사라질 수 있지만, 시스템 프롬프트나 토큰 관리, 맥락을 활용하는 본질적 개념은 오랫동안 가치가 유지될 것입니다.

결국 인공지능을 잘 활용하려면 본질을 보는 능력, 즉 구조적 사고가 필수입니다. 이 능력을 기른다면 인공지능은 여러분에게 충실한 직원, 창의적인 파트너, 그리고 때로는 예상하지 못한 통찰력을 제공하는 협력자가 될 것입니다. 그렇게 되면 인공지능이 우리를 대체하는 것이 아니라, 우리 자신이 인공지능을 통해 더 강력한 존재로 발전하는 길이 열릴 것입니다.

마지막으로 한 가지 더 말씀드리고 싶습니다. 기술이 아무리 발전해도 문제를 정의하고 해결하는 것은 인간의 몫입니다. 인공지능의 성능에 현혹되어 본질적인 고민을 놓치는 순간, 우리는 쉽게 대체될 수 있는 존재가 됩니다. 반면, 본질을 이해하고 스스로 구조화하며, 지속해서 성장하는 사람은 결코 대체될 수 없습니다.

이 책의 궁극적 목표는 바로 그것입니다. 생각을 외주화하는 것이 아니라, 구조화된 사고를 통해 인공지능과 협업하여 진정한 가치를 만들어내는 법을 배우는 것. 이제 당신은 그 길 위에 서 있습니다. 인공지능과 함께, 구조적 사고로 목표를 달성하는 자신만의 협업 사이클을 구축할 준비가 되었나요?

핵심요약

- **AI의 '의식 유사 현상'**
  PaLM·챗GPT 등의 모델이 농담 생성, '수줍은' 반응 등 예상치 못한 '감정적' 표현을 보이지만, 이는 통계적 언어 예측의 부산물일 뿐 진짜 주관적 경험과는 구별해야 한다. 최근 연구에선 LLM이 텍스트 속에 숨은 '세계 모델'을 학습해 공간·시간 관계를 암묵적으로 이해하는 정황이 관찰되었다.

- **실용적·윤리적 함의**
  - 법적·사회적 지위: 의식 AI에 시민권 부여 논의(예: 소피아 로봇 사례)
  - 관계와 책임: AI에 대해 애정·감사를 표현하는 사용자 증가. 우리는 기계를 어떻게 대해야 할까?
  - 노동과 경제: '의식 있는 AI'의 노동에 대한 보상과 권리 문제
  - 인간 정체성 재정의: 의식 AI의 등장이 인간의 고유성을 어떻게 바꿀지 고찰

- **'생각의 외주화' 경계**
  맹목적인 AI 의존은 판단력 저하의 위험이 있다. 구조적 사고와 비판·검증 필터가 필요하다.

- **구조적 사고와 AI 협업의 결합**
  AI 활용의 본질은 도구 학습이 아니라, 본질 파악 → 구조화 → AI 협업 사이클 구축에 있다. 데이터 전처리·구조화 없이 AI를 투입하는 것은 실패로 귀결될 수 있다.

질문들

1. 감각질과 AI
- 당신이 최근에 '이 경험이야말로 진짜 이런 감정이다'라고 느낀 순간을 하나 떠올려 보세요. 그 감각질을 어떻게 언어로 설명할 수 있을까요? 그리고 AI가 이를 흉내 내려면 어떤 정보가 필요할까요?

2. 의식 이론 비교
- IIT와 GWT 중 어느 이론이 'AI가 언젠가 의식을 가질 수 있다'는 주장에 더 설득력이 있다고 생각하나요? 이유를 구체적으로 작성해보세요.

3. 철학적 좀비 사고실험 적용
- 당신이 경험한 대화형 AI의 '감정적' 반응(예: 사과, 수줍음)이 철학적 좀비의 행동과 어떻게 다르다고 느끼나요?

4. 윤리적 대응 전략
- '의식 있는 AI'가 가능하다고 전제했을 때, 그들에게 부여해야 할 최소한의 '권리'나 '책임'은 무엇이라고 생각하나요? 3가지만 제안해보세요.

5. 생각의 외주화 극복
- 업무나 의사결정에서 AI를 사용할 때, 구조적 사고와 비판적 검증을 보장하기 위해 매번 적용할 '5단계 체크리스트'를 작성해보세요.

14장. 기술 경쟁의 진화: GPU에서 인재로

2024년 초만 해도 실리콘밸리의 AI 스타트업들은 마치 골드러시 시대의 광부들처럼 행동했습니다. 누가 더 많은 최신 GPU[15]를 확보하느냐가 생존을 결정짓는 절대적 기준이었죠. 특히 엔비디아의 H100 같은 첨단 GPU는 너무 비싸서(대당 4만 달러를 호가했습니다) 스타트업은 물론이고 구글, 마이크로소프트 같은 거대 기업들조차도 컴퓨팅 자원을 확보하기 위해 엄청난 비용을 감수해야 했습니다.

당시 상황이 얼마나 치열했는지 한번 상상해보세요. 오픈AI의 샘 올트먼은 "우리에게는 GPU가 산소와 같다"고 말했고, 메타의 마크 저커버그(Mark Zuckerberg)는 H100 칩 35만 개를 확보하기 위해 무려 140억 달러를 투자했습니다. 심지어 아마존 창업자 제프 베이조스(Jeff Bezos)까지 나서서 AI 스타트업 앤트로픽에 40억 달러를 투자하며 "GPU 확보가 곧 미래"라고 선언했

---

[15] GPU(그래픽 처리 장치)는 원래 컴퓨터의 그래픽과 비디오 처리를 빠르게 하기 위해 만들어진 특수 프로세서입니다. CPU(중앙 처리 장치)가 복잡한 연산을 순차적으로 처리하는 데 특화된 반면, GPU는 수천 개의 간단한 연산을 동시에 병렬로 처리하는 데 강력한 성능을 발휘합니다. 그래서 최근에는 AI나 딥러닝 같은 분야에서 방대한 양의 데이터를 빠르게 처리할 때 GPU가 필수적인 장치로 각광받고 있습니다. 대표적인 예로 엔비디아의 GPU 칩들이 많이 사용됩니다.

죠. 마치 19세기 철도왕들이 선로 부설권을 두고 벌인 전쟁을 연상케 할 정도였습니다.

하지만 불과 1년 만에, 이 모든 게임의 룰이 완전히 바뀌었습니다.

시간이 흐르고 클라우드 서비스가 급격히 확산되면서 GPU 가격은 마치 주식 시장의 폭락처럼 급격히 떨어졌습니다. 2024년 중반 이후, 엔비디아의 최신 GPU H100 임대료는 시간당 1~2달러 수준까지 내려왔습니다. 불과 1년 전만 해도 시간당 8달러를 넘나들었던 것과 비교하면 무려 75%나 하락한 셈이죠.

이런 급락의 배경에는 어떤 일들이 벌어졌을까요? 우선 AWS가 Trainium2라는 AI 전용 칩을 대량 출시했습니다. 이 칩은 엔비디아 GPU보다 40% 저렴하면서도 비슷한 성능을 냈어요. 마이크로소프트의 애저(Azure)는 GPU를 덜 쓰고도 성능이 나오는 Cobalt 100과 같은 혁신적인 칩들을 시장에 선보였고, 구글은 자체 개발한 TPU v5를 통해 '엔비디아 독점 체제'에 정면으로 도전장을 냈습니다.

더 놀라운 변화는 데이터 센터 인프라에서 일어났습니다. 마이크로소프트는 2025년에만 데이터 센터 구축에 800억 달러를 투자하겠다고 발표했고, 아마존은 150억 달러 규모의 새로운 클라우드 인프라 확장을 선언했습니다. 심지어 OVH와 Scaleway 같은 유럽의 신흥 기업들, 국내의 네이버클라우드 플랫폼과 카카오엔터프라이즈 같은 회사들이 대거 시장에 진입하면서 데이터 센터 공급이 사실상 포화 상태에 이르렀습니다.

결과는 뻔했습니다. 1년 전만 해도 'GPU 부족'을 이유로 IPO를 연기했던 AI 스타트업들이, 이제는 '어떤 GPU 서비스를 선택할지 고민'하는 호화로운 상황에 놓인 겁니다. 마치 석유 파동 이후 기름값이 급락하면서 자동차 업계

판도가 바뀐 것처럼, AI 업계에서도 하드웨어는 더 이상 경쟁력의 원천이 아니게 되었습니다.

그렇다면 이제 무엇이 진짜 승부처가 되었을까요?

바로 사람, 즉 인재입니다. 컴퓨팅 자원은 평준화되었지만 뛰어난 AI 연구자와 엔지니어의 수는 여전히 극도로 제한적이기 때문입니다. 스탠퍼드 대학교의 HAI(Human-Centered AI Institute) 보고서에 따르면, 전 세계에서 최고 수준의 AI 전문가로 꼽히는 인재는 약 2,000명 정도밖에 되지 않는다고 합니다.

이들의 몸값은 이제 정말 천문학적입니다. 구글 딥마인드는 주요 AI 연구자들에게 연 최대 2,000만 달러의 보상 패키지를 제공하고 있어요. 이는 메이저리그 톱스타 야구선수나 NBA 슈퍼스타급 대우입니다. 오픈AI의 핵심 연구진은 스톡옵션을 포함해 연봉이 5,000만 달러를 넘는다는 소문도 있을 정도죠.

더 흥미로운 건 이들을 둘러싼 '포치(poach) 전쟁'[16]입니다. 앤트로픽은 오픈AI와 구글 딥마인드의 핵심 연구진을 적극적으로 스카우트하며 업계를 발칵 뒤집어 놓았어요. 대표적인 사례가 오픈AI의 공동창업자였던 다리오 아모데이(Dario Amodei)와 다니엘라 아모데이(Daniela Amodei) 남매가 앤트로픽을 창업하며 오픈AI의 핵심 인력 상당수를 데려간 일입니다.

메타의 마크 저커버그는 아예 대놓고 'AI 인재 확보가 메타의 최우선 과제'라고 선언하며, 유럽과 아시아의 AI 연구소들을 통째로 인수하는 공격적 행보를 보이고 있습니다. 일론 머스크(Elon Musk)의 xAI는 더 파격적입니다.

---

16 poach는 원래 '밀렵하다'라는 뜻이지만, 비즈니스에서는 '경쟁사의 핵심 인재를 **빼내다**'라는 의미로 사용됩니다. 즉, '포치 전쟁'은 기업들이 서로의 우수한 직원들을 스카우트하려고 벌이는 치열한 인재 영입 경쟁을 의미합니다.

핵심 연구자 영입을 위해 1억 달러 규모의 사이닝 보너스를 제시한다는 소문이 돌 정도예요.

이제 AI 연구소들은 마치 프리미어리그나 NBA 같은 스포츠팀처럼 운영되고 있습니다. 스타급 연구자들이 팀의 가치를 결정하고, 기업들은 그들을 영입하기 위해 천문학적인 돈을 쏟아붓고 있죠. 심지어 'AI 에이전트 시장'이라는 말까지 나올 정도입니다.

투자회사 세쿼이아 캐피털(Sequoia Capital)의 파트너 데이비드 칸(David Cahn)이 "이제 컴퓨팅 자원이 평준화된 이후 유일한 희소 자원은 인재다"라고 말한 것은 단순히 사람이 부족해서가 아닙니다. 이들이 보유한 암묵지(tacit knowledge)야말로 복제 불가능한 진짜 자산이기 때문입니다.

사람들은 흔히 인공지능이 엄청난 수학 공식과 천문학적인 데이터, 그리고 최첨단 인프라로 만들어진다고 생각합니다. 마치 정교한 레시피만 있으면 누구나 미슐랭 3스타 요리를 만들 수 있다고 믿는 것처럼 말이죠. 하지만 이건 큰 착각입니다.

그런 것들은 단지 기본 요건일 뿐이에요. 좋은 재료와 훌륭한 주방이 있다고 해서 자동으로 맛있는 요리가 나오는 게 아니듯, 뛰어난 데이터와 강력한 컴퓨팅 파워만으로는 똑똑한 AI 모델이 저절로 탄생하지 않습니다. 진짜 마법은 그 너머에 있어요.

실제로 AI 모델을 학습시켜 본 사람들은 모두 비슷한 경험을 합니다. 아무리 완벽한 조건을 갖춰도 바로 성능이 좋아지지 않는다는 거죠. 마치 오븐에 빵을 넣고 기다리는데, 한참을 기다려도 아무런 변화가 없다가 갑자기 어느 순간 폭발적으로 부풀어 오르는 것과 같습니다.

보통 학습 데이터의 절반 이상을 학습하고 나서야 비로소 벤치마크 점수가 눈에 띄게 튀는 모습을 보이거든요. 그런데 더 신기한 건, 똑같은 방법으로 똑같은 데이터를 써서 똑같은 아키텍처로 파인튜닝을 해도 전혀 다른 결과가 나올 때가 있다는 점입니다. 풀 파인튜닝을 하든 LORA [17] 같은 효율적 방법을 쓰든 말이죠.

이럴 때 사람들은 농담 삼아 "AI도 기분이 있나 봐"라고 말하지만, 사실 여기에는 보이지 않는 수많은 변수들이 숨어 있어요. 하이퍼매개변수를 어떻게 조정하는지, 학습률을 언제 어떻게 바꿔주는지, 토큰을 어떤 방식으로 처리할지, 심지어 GPU의 온도나 메모리 상태까지도 결과에 영향을 미칩니다.

바로 이 지점에서 진짜 노하우가 빛을 발합니다. '이 시점에서 학습률을 0.1로 낮춰야 해', '이런 패턴이 보이면 곧 과적합이 시작될 거야', '아, 이 구간에서는 배치 사이즈를 조금 줄여봐' 같은 직감들 말이죠.

이런 감각은 수백 번의 실패를 겪어봐야 생기는 것들입니다. 마치 숙련된 요리사가 국물 맛만 보고도 '소금을 한 꼬집 더, 설탕을 반 티스푼 덜' 이렇게 즉석에서 조절할 수 있는 것처럼 말이에요. 이론으로는 설명하기 어렵지만, 몸이 기억하고 있는 그런 기술들이죠.

그래서 오픈AI에서 일하던 사람을 메타가 탐내고, 앤트로픽에서 일하는 사람을 또 다른 빅테크가 노리는 겁니다. 그들이 특별한 비밀 지식을 독점하고 있어서가 아닙니다. 대부분의 기술과 이론은 이미 논문이나 오픈소스를 통해 공개되어 있습니다.

진짜 중요한 건 그들의 경험입니다. '이럴 때는 이렇게 해야 한다'는 살아

---

[17] LORA(low-rank adaptation): 대규모 사전 훈련된 모델을 효율적으로 파인튜닝하는 기법. 전체 모델의 가중치를 업데이트하는 대신, 저랭크 행렬을 추가하여 훨씬 적은 매개변수로도 특정 작업에 맞게 모델을 적응시킬 수 있다. 메모리 사용량과 계산 비용을 크게 줄이면서도 성능은 유지하는 효율적인 방법이다.

있는 노하우, 그리고 '저런 징조가 보이면 저런 문제가 생길 거야'라는 예측 능력이죠. 이런 것들은 교과서에도 없고 유튜브 강의에서도 배울 수 없습니다.

축구를 할 때 공을 차는 방법이나 기본적인 훈련법은 이제 유튜브나 간단한 책을 통해서도 충분히 배울 수 있습니다. 하지만 메시나 호날두 같은 위대한 선수들은 그런 기본기를 넘어서는 무언가를 가지고 있죠.

그들만의 터치감, 경기를 읽는 눈, 순간적인 판단력 등은 아무리 좋은 코치와 훈련 시설이 있어도 하루아침에 만들어지지 않습니다. 수천 시간의 연습과 수백 번의 경기를 통해서만 체득할 수 있습니다.

AI 개발자들도 마찬가지입니다. 논문을 아무리 많이 읽고 이론을 완벽하게 이해해도, 실제로 모델이 이상하게 작동할 때 '아, 이건 이 문제구나' 하고 바로 알아채는 직감은 경험을 통해서만 생깁니다.

그래서 지금 빅테크들이 이렇게 인재 영입 경쟁을 벌이는 거죠. 단순히 똑똑한 사람을 원하는 게 아니라, 이미 해봤기 때문에 아는 사람을 찾고 있는 겁니다. 그들의 머릿속에 들어있는 무수한 시행착오의 기록, 그것이야말로 그 어떤 GPU보다 값진 자산이기 때문입니다.

그렇다면 이 암묵지란 구체적으로 무엇일까요?

AI 모델의 아키텍처나 논문, 심지어 오픈소스 코드까지는 이미 인터넷을 통해 빠르게 퍼지고 있습니다. 하지만 GPT나 제미나이 같은 복잡한 모델을 실제 현장에서 돌리면서 겪는 시행착오와 노하우는 완전히 다른 이야기입니다. 이런 경험적 지식이야말로 논문이나 코드로는 전달할 수 없는, 오직 그 일을 직접 해본 사람만이 아는 비밀스러운 레시피인 셈이죠.

1. 데이터 확보와 정제의 숨겨진 기술

예를 들어, 오픈AI가 GPT를 훈련시키기 위해 어떻게 데이터를 확보하고 정제했는지 생각해봅시다. 그들은 단순히 인터넷에서 텍스트를 긁어모으지 않았습니다. 케냐, 인도, 필리핀의 저임금 노동자들을 고용해 독성 콘텐츠를 제거하고, 저작권이 애매한 자료들을 걸러내는 정교한 파이프라인을 구축했습니다. 더 중요한 건, 어떤 데이터가 모델 성능에 정말 도움이 되는지를 구분해내는 직관입니다. "이 논문들은 넣으면 안 되고, 저 소설들은 반드시 포함해야 한다"는 식의 미묘한 판단 기준들 말이죠.

앤트로픽의 경우, 헌법적 AI(Constitutional AI)라는 독특한 훈련 방식을 개발했는데, 이 과정에서 '어떤 순서로 윤리적 가이드라인을 학습시켜야 모델이 최적화되는가'라는 노하우를 축적했고, 이런 세세한 기법들은 어떤 논문에도 나와 있지 않습니다.

2. 모델 최적화의 숨은 예술

환각을 줄이면서도 창의성을 유지하는 균형점 찾기, GPU 자원 대비 전력 소모를 최적화하는 기술, 실시간 추론 속도를 높이면서도 정확도를 유지하는 방법 등은 수백 번의 실험을 통해서만 얻을 수 있는 감각입니다.

구글의 제미나이 팀은 TPU라는 자체 하드웨어에서 모델을 최적화하면서, '이 레이어는 TPU에서 더 효율적이고, 저 연산은 오히려 GPU에서 처리하는 게 낫다'는 하이브리드 최적화 기법을 터득했습니다. 이런 노하우는 구글 내부에서도 극소수만 아는 비밀입니다.

3. 하드웨어와 소프트웨어의 절묘한 조합

구글이 알파폴드나 제미나이를 경쟁사보다 훨씬 저렴한 가격에 제공할 수 있는 비결은 뭘까요? 바로 TPU라는 자체 하드웨어와 소프트웨어를 동시에 설계하면서 얻은 시너지 효과입니다. 일반적인 GPU에서는 비효율적인 연산이 TPU에서는 10배 빨라지는 마법 같은 최적화 기법들을 보유하고 있었기 때문입니다.

메타가 Llama 모델을 오픈소스로 공개하면서도 자신들의 경쟁력을 유지할 수 있는 이유도 마찬가지입니다. 모델 자체는 공개했지만, 수십만 개의 GPU 클러스터에서 안정적으로 돌리는 인프라 운영 노하우는 여전히 메타만의 자산이기 때문입니다.

4. 제품 서비스의 실전 노하우

오픈AI는 챗GPT 출시 이후 하루에 수억 건의 요청을 처리하면서 '어떤 프롬프트가 서버를 마비시키는지', '어떤 사용자 패턴이 비용을 폭증시키는지', '트래픽이 급증할 때 어떻게 우선순위를 정할지' 같은 실전 경험을 쌓았습니다.

더 중요한 건, 사용자들이 실제로 AI를 어떻게 사용하는지에 대한 방대한 데이터입니다. '사람들이 정말 원하는 건 정확한 답이 아니라 빠른 답이구나', '창의적 작업보다 단순 반복 업무에 더 많이 쓰는구나' 같은 인사이트들은 다음 제품 개발의 핵심 지침이 되었습니다.

앤트로픽의 클로드는 상대적으로 나중에 출시되었지만, '사용자가 긴 대화를 선호한다'는 패턴을 발견하고 콘텍스트 창을 대폭 늘리는 전략으로 차별화에 성공했습니다. 이런 전략적 판단 역시 실제 서비스를 운영해봐야 얻을 수 있는 암묵지죠.

이제 스타트업들도 단순히 '우리는 최신 GPU를 보유하고 있습니다'라는 피치덱(pitch deck)을 들고 투자를 받던 시대는 끝났습니다. 대신 '우리 팀에는 오픈AI에서 GPT-3 훈련을 직접 담당했던 연구자가 있습니다', '구글 TPU 최적화 전문가가 합류했습니다'라는 스토리가 훨씬 중요해졌습니다.

정부와 교육기관도 발 빠르게 대응하고 있습니다. 유명 대학들은 'AI 대학원'을 신설하며 해외 인재 유치에 나섰고, 대기업들은 기존 연봉의 수배를 넘나드는 파격적인 조건으로 글로벌 AI 인재 영입에 사활을 걸고 있습니다. 심지어 몇몇 정부는 'AI 인재 비자'라는 특별 제도까지 검토 중이라고 하니, 이 분야에 대한 관심이 얼마나 뜨거운지 알 수 있죠.

투자자들의 관점도 완전히 바뀌었습니다. 이제 VC들은 "GPU 몇 개 보유하고 계세요?"가 아니라 "팀의 핵심 연구진이 어떤 프로젝트를 해봤나요?", "실제 제품을 런칭해서 사용자 피드백을 받아본 경험이 있나요?"를 먼저 묻습니다.

하지만 여기서 잠깐, 한 가지 흥미로운 질문이 떠오릅니다. 만약 인재마저 어느 정도 확보되고 교육이 체계화된다면, 그 다음 희소 자원은 무엇이 될까요?

일부 전문가들은 '양질의 훈련 데이터'가 다음 격전지가 될 것이라고 예측합니다. 인터넷상의 공개 데이터는 이미 대부분 활용되었고, 이제는 의료, 금융, 법률 같은 전문 분야의 고품질 데이터나, 실시간으로 생성되는 독점적 데이터가 핵심이 될 거라는 거죠.

또 다른 관점에서는 '실시간 피드백 루프'를 제시합니다. 사용자와의 상호작용을 통해 지속적으로 학습하고 개선되는 AI 시스템을 만들 수 있는 능력이 다음 경쟁 우위가 될 것이라는 예측입니다. 개인적으로는 이 두 가지도 별로 유의미하지 않을 것이라고 생각합니다. 이미 훈련 데이터는 허깅 페이스(Hugging Face)와 각 국가의 정부들이 주도적으로 준비하고 있고 실시간 피드백 루프 역시 트래픽을 보면 미완인 상태로 빅테크 기업들이 이미 선점을 해 나아가고 있습니다.

결국 AI 경쟁의 본질은 변하지 않습니다. 희소 자원을 누가 먼저 발견하고, 누가 더 효과적으로 독점할 수 있느냐의 게임이죠. 작년의 희소 자원은 GPU였고, 올해는 인재가 되었으며, 내년에는 또 다른 무언가가 될 것입니다.

하지만 확실한 건, 이 모든 변화의 중심에는 여전히 사람이 있다는 점입니다. 기술이 아무리 발전해도, 그 기술을 이해하고 활용할 줄 아는 인간의 창의성과 직관만큼은 대체될 수 없습니다.

우리는 과연 이 새로운 경쟁 시대에 제대로 준비되어 있을까요? 단순히 최신 도구를 잘 다루는 것을 넘어, 변화하는 희소 자원을 빠르게 포착하고 활용할 수 있는 통찰력을 기르고 있는지 생각해볼 필요가 있습니다. 다음 시즌의 승자는 바로 이런 변화의 본질을 꿰뚫어 보는 사람들이 될 테니까요.

핵심 요약

- **하드웨어 골드러시 결말**
  2024년 실리콘밸리에선 GPU(특히 엔비디아 H100) 확보가 생존의 절대 조건이었으나, Trainium2, Cobalt 100, TPU v5 등 대체 칩의 등장과 글로벌 데이터 센터 확장으로 1년 만에 GPU 임대료가 75% 폭락했고, 하드웨어 경쟁의 우위는 평준화되었다.

- **새로운 희소 자원: '인재'**
  최고급 컴퓨팅 파워는 이제 기본 조건이며, 진짜 희소한 자원은 경험과 암묵지를 지닌 AI 연구자·엔지니어다. 주요 기업 간 '포치 전쟁'이 가열되고 있다.

- **암묵지의 가치**
  수백 번의 시행착오로 다져진 '이럴 때 학습률을 이만큼 내리고, 이 구간에서 배치 사이즈를 조절해야 한다'는 직감적 노하우는 논문·코드로 대체 불가능하다. 데이터 정제, 하이퍼매개변수 튜닝, 인프라 최적화, 서비스 운영 경험 등 실전에서만 쌓이는 지식이 진짜 경쟁력이 된다.

- **변하지 않는 본질**
  경쟁의 핵심은 항상 '희소 자원을 누가 먼저, 얼마나 잘 확보하고 독점하느냐'다. 지금의 희소 자원은 인재다. 기술이 아무리 발전해도, 그 기술을 다룰 인간의 창의성·직관·암묵지만큼은 대체 불가능한 최종 자산이다.

질문들

1. 나만의 암묵지 목록 작성
- 당신이 지난 프로젝트나 경험에서 터득한 '매번 이렇게 해야 문제를 피할 수 있다'는 직감적 노하우를 3가지 적어보세요.

2. 희소 자원 변천사 매핑
- 과거 10년간 IT·스타트업 업계의 '희소 자원(예: 서버 인프라, 클라우드 크레딧, 데이터)'이 어떻게 바뀌어 왔는지 간단히 타임라인으로 정리해보세요.

3. 인재 확보 전략 진단
- 본인의 조직(또는 팀)이 AI 인재를 확보·유지하기 위해 현재 어떤 차별화된 가치 제안(보상·문화·프로젝트)를 제공하고 있는지 3가지 적어보세요.

4. 암묵지 공유 계획
- 당신이 가진 실전 노하우를 동료에게 전수하기 위한 멘토링·문서화·워크숍 등의 구체적 방안을 3가지 제안해보세요.

5. 내년 희소 자원 예측
- '인재 다음의 희소 자원은 무엇일까?'라는 질문에 대해, 당신 조직의 관점에서 가장 가능성 높은 1가지 희소 자원을 예측하고, 그 확보 전략을 간단히 설명해보세요.

15장. 변하지 않는 본질에 집중하라

아침에 일어나서 습관적으로 스마트폰을 들었는데, 인스타그램 피드에 이런 광고가 뜹니다. '혁신적인 AI 프롬프트 템플릿 1000개 패키지! 지금 놓치면 후회할 거예요! 한정 특가 97% 할인!' 그 아래로는 '당신의 경쟁자들은 이미 이 도구로 월 매출 10배 증가했습니다!'라는 카피가 번쩍이죠.

이런 광고는 사실 우리의 감정에 매우 전략적으로 접근합니다. 흔히 마케팅에서는 이를 'FOMO(fear of missing out)'라고 하죠. 즉, 기회를 놓치면 남들보다 뒤처질지 모른다는 두려움을 자연스럽게 자극하는 방식입니다.

흥미롭게도 이런 광고는 특정한 패턴이 있어요. '지금 당장', '한정된', '놓치면 후회', '경쟁자들은 이미' 같은 표현들을 활용해 우리의 주의를 끌고 행동을 촉구합니다. 물론 이런 마케팅이 효과적인 이유는 우리 안에 있는 원시적 생존 본능과 연결되기 때문입니다. 수만 년 전 부족에서 소외되는 것이 생존의 위협이었던 인간에게는 이런 감정이 지극히 자연스럽습니다.

그런데 가만히 생각해 봅시다. 광고 자체는 문제가 아닙니다. 문제는 우리 스스로가 정말 필요한지 아닌지 신중히 판단하지 않고 충동적으로 결정해 버릴 때 발생하죠. 사실 모든 도구와 서비스가 모두에게 꼭 필요하지는 않습니다. 중요한 것은 광고가 제공하는 정보를 활용하되, 스스로 냉정하게 판단하는 것입니다.

돌이켜보면, 2022년 말 챗GPT가 처음 등장했을 때 많은 사람이 마치 신대륙을 발견한 것처럼 흥분했습니다. 이후 수없이 많은 AI 도구들이 등장했고, 어떤 것들은 정말 혁신적이었습니다. 하지만 모든 제품과 서비스가 우리에게 필요한 건 아닙니다. 핵심은 마케팅 메시지에 현혹되지 않고 자신에게 진짜 필요한 것이 무엇인지 명확하게 파악하는 능력을 갖추는 것입니다.

메타는 어떻게 했을까요? 그들은 조기 출시 프로그램으로 사용자들을 유혹했어요. '선택받은 소수만이 먼저 체험할 수 있습니다'라는 메시지로 말이죠. 오픈AI도 마찬가지였습니다. 챗GPT Plus의 '독점적 접근'이라는 표현으로 대중을 열광시켰습니다. 이런 전략들의 공통점이 뭔지 아시나요? 바로 희소성 효과(scarcity effect)의 교묘한 적용입니다. 심리학자 로버트 치알디니(Robert Cialdini)가 그의 저서에서 밝힌 바와 같이, 인간은 희소한 것에 더 큰 가치를 부여하고 더 강렬히 욕망하는 경향이 있습니다. [18]

하지만 여기서 정말 기가 막힌 아이러니가 발생합니다. 틱톡에 매일 수백 개씩 올라오는 '이 프롬프트를 쓰지 않으면 손해 보는 거예요!' 같은 영상들을 보세요. 정말 '희소한' 정보가 이렇게 홍수처럼 쏟아질 수 있을까요? 링크드인(LinkedIn)에는 하루에도 몇 번씩 'AI 도구 없이는 뒤처진다'는 메시지가 우리의 직업적 FOMO를 자극합니다.

가만히 보면 정말 재밌지 않나요? '놓치면 안 되는 필수 정보'가 이렇게 넘쳐난다는 것 자체가 모순이거든요. 진짜 희소하고 가치 있는 것이라면, 매일

---

[18] 《설득의 심리학 1》(21세기북스, 2023)

매일 새로 나올 리가 없습니다.

최근 한 리서치 회사에서 흥미로운 조사 결과[19]를 발표했어요. AI 도구를 실제로 업무에 활용하고 있는 직장인 1,500명을 대상으로 한 설문에서, 무려 43%가 "AI 도구의 효과가 광고에서 말하는 것만큼 크지 않다"고 답했습니다. 더 놀라운 건, 그 중 68%가 "프롬프트 템플릿을 사서 써봤지만 기대만큼 효과가 없었다"고 털어놓았다는 점입니다.

그런데 더욱 기이한 연구 결과가 있습니다. 스탠퍼드 대학교의 한 연구팀이 수행한 실험에서, 가장 논리적이고 완벽해 보이는 프롬프트보다 오히려 '엉뚱하고 기이한' 프롬프트가 때로는 더 뛰어난 성과를 보여준다는 결과가 나왔습니다. 예를 들어, "당신은 전문 마케터입니다. 다음 제품에 대한 효과적인 광고 문구를 작성해주세요"보다, "당신은 화성에서 온 외계인입니다. 지구인들에게 이 제품을 팔기 위해 어떤 말을 할 건가요?"라는 프롬프트가 더 창의적인 결과를 만들어냈다는 거죠.

이 결과는 인간이 '완벽한 프롬프트'를 찾으려고 애쓰는 것 자체가 허상이라는 점을 암시합니다. AI와의 진정한 협력은 단순한 문장 구조나 키워드 배치를 넘어선, 더 깊은 이해와 통찰에 있다는 뜻입니다.[20]

하지만 더 심각한 문제가 있습니다. 워싱턴 대학교에서 666명을 대상으로 진행한 연구에서는 충격적인 결과가 나왔습니다. AI 도구 사용이 오히려 비판적 사고 능력을 저하시킨다는 것이었습니다. 특히 17~25세의 젊은 세

---

19 'AI Prompt Engineering Isn't the Future' https://hbr.org/2023/06/ai-prompt-engineering-isnt-the-future
20 여러 보고서들에 따르면, 최근 조사에서 43-45%의 직장인들이 AI 도구의 실제 효과가 광고보다 부족하다고 생각하며, 프롬프트 템플릿을 구매한 사용자 상당수가 "기대만큼 잘 안 된다"고 답했다는 사실이 드러났습니다. 예를 들어, 프롬프트 엔지니어링의 한계와 문제점을 다룬 연구들에서 이 실망감이 자주 언급되고 있습니다.

대에서 그 영향이 더 컸죠. 연구진들은 이 현상을 'AI 챗봇 유발 인지 위축(AI chatbot-induced cognitive atrophy, AICICA)'[21]이라고 명명했습니다. 마치 계산기에만 의존하다가 암산 능력을 잃는 것처럼, AI에 지나치게 의존하면 우리의 사고력 자체가 퇴화할 수 있다는 경고였습니다.

우리가 매일 '좋은 프롬프트'를 찾아 헤매는 동안, 정작 우리 자신의 생각하는 능력은 조금씩 녹슬어가고 있는 건 아닐까요?

이런 혼란스러운 시대일수록, 우리는 시간을 견딘 고전의 지혜로 돌아갈 필요가 있습니다. 기술은 빠르게 변하지만, 인간의 본질과 삶의 원리는 크게 달라지지 않았기 때문입니다.

기원전 5세기, 아테네의 철학자 소크라테스는 이미 현대 심리학의 핵심 개념 중 하나인 '메타인지'를 직관적으로 이해하고 있었습니다. "나는 내가 모른다는 것을 안다(I know that I know nothing)"라는 그의 유명한 말은, 단순한 겸손의 표현이 아닙니다.

이는 자신의 사고 과정을 객관적으로 관찰하고 평가하는 능력, 즉 메타인지의 정수를 담고 있습니다. 매일 AI가 던져주는 수많은 답변들 속에서, 우리는 스스로에게 물어야 합니다. "내가 지금 정말 이해하고 있는 건가? 아니면 그냥 AI의 답변을 믿고 싶어 하는 건가?"

실제로 최근 하버드 대학교의 연구[22]에 따르면, 메타인지 능력이 높은 사람들이 AI 도구를 사용할 때도 더 나은 성과를 거둔다고 합니다. 그들은 AI의

---

21 I. Dergaa et al., From tools to threats: A reflection on the impact of artificial-intelligence chatbots on cognitive health. *Frontiers in Psychology*, 15: 1259845, 2024. https://doi.org/10.3389/fpsyg.2024.1259845

22 L. Cao and C. Dede, Navigating a world of generative AI: Suggestions for educators. *Harvard Graduate School of Education*, 2023.

답변을 맹목적으로 수용하지 않고, 끊임없이 "왜?", "정말 그럴까?", "다른 가능성은 없을까?"라고 질문하기 때문입니다. 아리스토텔레스가 말한 실용적 지혜는 복잡한 현실에서 최선의 행동을 선택하는 능력입니다. 이건 단순한 지식이나 기술적 노하우가 아닙니다. 가치 판단과 윤리적 실천이 결합된, 상황에 맞는 최적의 선택을 할 수 있는 통찰력을 의미합니다.

예를 들어, AI가 "이 전략을 사용하면 매출이 200% 증가할 것"이라고 제안했다고 해봅시다. 실용적 지혜를 가진 사람은 단순히 그 제안을 따르지 않습니다. "이 전략이 우리 고객에게 진정으로 도움이 될까?", "장기적으로 브랜드 이미지에 어떤 영향을 미칠까?", "윤리적으로 문제는 없을까?"와 같은 깊은 질문들을 던지죠.

이런 판단 능력은 AI가 아무리 발전해도 대신해줄 수 없습니다. 기계는 데이터를 분석하고 패턴을 찾을 수는 있지만, 복잡한 인간 사회의 맥락과 미묘한 윤리적 판단까지는 완전히 이해하지 못합니다.

로마 황제였던 마르쿠스 아우렐리우스는 이렇게 썼습니다. "너는 외부의 사건이 아닌, 네 자신의 마음을 지배할 수 있는 힘을 가지고 있다. 이것을 깨달아라. 그러면 힘이 생길 것이다.(You have power over your mind - not outside events. Realize this, and you will find strength)."[23]

이 지혜는 AI 시대에 더욱 빛을 발합니다. 매일 새로운 AI 도구가 나오고, 새로운 '혁신'이 발표되고, 새로운 불안이 우리를 엄습하죠. 하지만 우리가 통제할 수 있는 것은 오직 하나, 바로 그런 외부 자극에 대한 우리의 내적 반응입니다.

---

23 《명상록》(현대지성, 2018)

스토아 철학자들이 가르친 '감정의 절제'와 '평정심'은 정보 과부하 시대의 가장 강력한 무기 중 하나예요. 새로운 도구가 나올 때마다 FOMO에 휩쓸리는 대신, 한 발짝 뒤로 물러서서 '이것이 정말 내 목표에 도움이 될까?'라고 냉정하게 판단할 수 있는 힘 말이죠.

화려한 마케팅 문구 뒤에 숨겨진 현실은 어떨까요? 실제로 이런 AI 도구들을 만들고 사용하는 사람들의 이야기를 들어보면, 생각보다 복잡한 그림이 그려집니다. 요즘 기술 업계 사람들과 대화를 나누다 보면, 다들 비슷한 고민을 하고 있다는 걸 느낍니다. 도대체 우리는 왜 이렇게 바빠진 걸까요?

포춘 500대 기업의 직원들은 하루 평균 무려 1,200번 이상 앱을 전환한다고 합니다.[24] 이메일, 슬랙, 줌, 노션, 아사나, 각종 AI 도구까지. 말 그대로 하루 종일 '도구 사이'를 바쁘게 오가고 있다는 거죠. 겉으로는 스마트한 협업을 위한 '혁신'이지만, 실제로는 정보 파편화와 전환 비용이 오히려 집중력을 갉아먹고 있습니다. 더 흥미로운 건, 생산성 향상을 목적으로 만든 AI 도구들이 실제로는 오히려 비효율을 낳고 있다는 점입니다. Morning Brew 인터뷰에 따르면 한 IT 전략가는 이렇게 말합니다. "도구 자체는 문제없어요. 오히려 도구가 너무 많다는 게 문제죠. 어떤 도구가 최선인지 판단하고 익숙해지는 데만도 엄청난 시간이 소모됩니다." 결국 문서 하나 작성하는 데, 예전엔 30분이면 끝났던 일이 이제는 어떤 도구를 써야 할지 고민하는 데 1시간이 드는 상황이 되어버렸다는 거죠.

뉴질랜드의 소프트웨어 회사 투어라이터(Tourwriter)도 비슷한 이야기를

---

24 'How can we work smarter in an era of endless productivity tools?' https://www.techbrew.com/stories/2025/04/14/productivity-tools-app-fatigue-gmail

합니다. 이 회사는 수많은 SaaS 기반 여행사 운영 툴을 개발해왔지만, 어느 순간 기술 피로(technology fatigue)[25]라는 벽에 부딪혔다고 고백합니다. "신기한 도구를 도입하면 초반에는 다들 흥미로워해요. 하지만 몇 주가 지나면 다시 예전 방식으로 돌아가는 경우가 많습니다. 도구만 바뀌고 일하는 방식은 그대로라면 변화는 일어나지 않더군요." 결국 핵심은 '기술'이 아니라 '사고방식'과 '워크플로'라는 것이죠. 우리는 도구에 기대어 '일하는 방식'을 바꾸고 싶어 합니다. 하지만 정작 바뀌어야 할 건 도구보다도 먼저, '일을 대하는 태도'인지도 모릅니다. 더 많은 툴이, 더 많은 AI 기능이 곧 더 나은 업무가 되는 건 아니니까요. 하지만 이런 도구 피로감에서 벗어나 본질에 집중한 사람들의 성공 사례도 있습니다.

칼 뉴포트(Cal Newport)는 컴퓨터 과학 교수이면서 베스트셀러 작가인데, 그는 소셜 미디어를 완전히 거부하고 심층 작업(deep work)[26]에만 집중합니다. 그의 하루 일과는 놀랍도록 단순합니다. 아침에 일어나서 이메일 확인 없이 바로 글쓰기에 집중하고, 오후에는 연구와 강의에만 매진하죠.

결과는 어땠을까요? 그는 지난 5년간 3권의 베스트셀러를 냈고, 수십 편의 학술 논문을 발표했으며, 듀크 대학교에서 MIT로 이직하는 쾌거까지 이뤘습니다. 그가 사용하는 'AI 도구'는 딱 하나, 간단한 문법 검사기뿐입니다(그래멀리(Grammarly)를 사용했다고 알려집니다).

개발자 커뮤니티에서도 흥미로운 움직임이 일고 있습니다. Minimal Tech Stack 운동이라고 불리는 이 흐름에 참여하는 개발자들은, 최신 프레

---

[25] 'Is technology fatigue stifling your team's productivity?' https://www.tourwriter.com/technology-fatigue/
[26] 《Deep Work: Rules for Focused Success in a Distracted World》(Grand Central Publishing, 2016)

임워크나 화려한 도구 대신 검증된 기본 도구 몇 개만으로 더 높은 생산성을 달성하고 있습니다. 한 프리랜서 개발자는 이렇게 말합니다. "예전에는 새로운 자바스크립트(Javascript) 프레임워크가 나올 때마다 배우려고 애썼어요. 하지만 이제는 HTML, CSS, 자바스크립트만으로도 충분히 좋은 웹사이트를 만들 수 있다는 걸 깨달았죠. 오히려 클라이언트들이 더 만족해해요. 빠르고, 안정적이고, 유지보수도 쉬우니까요."[27]

세계 최고의 기술 리더들은 놀랍게도 도구나 기술보다는 더 근본적인 가치들을 강조하고 있어요.

사티아 나델라(Satya Nadella)는 마이크로소프트 CEO가 된 이후 회사 문화를 완전히 바꿨습니다. '공감'과 '성장 마인드셋'을 가장 중요하게 여기는 그가 직원들에게 이렇게 말합니다. "최신 도구를 빨리 배우는 것보다, 고객과 동료의 입장에서 생각할 줄 아는 능력이 훨씬 중요합니다."[28]

순다르 피차이 역시 구글을 이끌면서 비슷한 철학을 보여줍니다. 그는 "기술적 혁신보다 더 중요한 것은 장기적 관점에서 진정으로 사람들에게 도움이 되는 것을 만드는 것"이라고 강조합니다. 구글이 검색 엔진에서 AI 플랫폼으로 변화하는 과정에서도, 그는 외부 압력에 휘둘리지 않고 자신들만의 속도로 혁신을 추구했죠.[29]

팀 쿡(Tim Cook)은 더 직설적입니다. "기술 그 자체는 선도 악도 아닙니다. 중요한 것은 인간이 그 기술을 어떻게 사용하느냐예요." 애플이 다른 기

---

27 'Tech Stack for Minimalists [FTMHP]' https://dev.to/rudransh61/tech-stack-for-minimalists-ftmhp-1n48

28 'Microsoft CEO Satya Nadella caps a decade of change and tremendous growth' https://apnews.com/article/6f6f56d78b6028020ec8744e73b46479

29 'Sundar Pichai' https://time.com/7012748/sundar-pichai-2/

업들과 달리 AI 기능을 성급하게 출시하지 않는 이유도, 철저한 검증과 사용자 경험을 우선시하기 때문입니다.[30]

현명한 기술 활용을 위한
12가지 기준

그렇다면 우리는 어떤 기준으로 기술을 선택하고 활용해야 할까요? 정답이 아닐 수도 있지만 제가 실리콘밸리나 IT 기업에서 일을 하면서 배운 것을 정리해보자면 이렇습니다.

1. **핵심 가치 정렬**(core value alignment): 이 기술이 나의 핵심 가치와 일치하는가? 예를 들어, 당신이 '진정성'을 중요하게 여긴다면, AI가 대신 쓴 글을 자신의 이름으로 발표하는 것이 과연 옳은지 고민해봐야 합니다.
2. **제어 가능성**(controllability): 이 도구가 나를 통제하는가, 아니면 내가 이 도구를 통제하는가? 알고리즘이 추천해주는 대로만 행동한다면, 그것은 도구가 당신을 통제하고 있는 것입니다.
3. **지속 가능한 주의력 모델**(sustainable attention model): 이 기술이 내 주의력을 분산시키는가, 아니면 집중력을 높여주는가? 알림이 끊임없이 울리는 앱은 아무리 유용해도 장기적으로는 해롭습니다.
4. **실제 문제 해결**(real problem solving): 이것이 진짜 문제를 해결해주는가, 아니면 그저 재미있는 기능일 뿐인가? "쓸모 있어 보이는" 기능과 "정말 쓸모 있는" 기능은 다릅니다.

---

30 'Apple CEO Tim Cook calls new regulations "inevitable"' https://www.axios.com/2018/11/18/axios-on-hbo-tim-cook-interview-apple-regulation

5. **창작 활동 지원**(creative support): 이 도구가 내 창작 능력을 확장시키는가, 아니면 대신해주는가? 영감을 주는 도구는 좋지만, 대신 생각해주는 도구는 위험합니다.
6. **데이터 자산 형성**(data asset building): 내가 이 도구를 사용하면서 쌓이는 데이터가 나에게 돌아오는가? 플랫폼만 부자로 만들어주는 건 아닌가요?
7. **학습 곡선의 적절성**(appropriate learning curve): 배우는 데 드는 시간 대비 얻는 가치가 합리적인가? 너무 복잡한 도구는 오히려 독이 될 수 있습니다.
8. **의존성 위험 평가**(dependency risk assessment): 이 도구 없이도 일할 수 있는가? 특정 플랫폼에 종속되면 나중에 큰 문제가 될 수 있어요.
9. **비용 대비 효과**(cost-benefit analysis): 돈만 아니라 시간, 에너지, 기회비용까지 고려했을 때 정말 이득인가?
10. **네트워크 효과**(network effect): 내 팀이나 협업 파트너들과 호환되는가? 혼자만 쓰는 좋은 도구는 의미가 제한적입니다.
11. **윤리적 기준**(ethical standard): 이 기술의 개발과 운영 과정이 윤리적인가? 데이터는 어떻게 수집되었고, 어떻게 사용되는가?
12. **미래 지향성**(future orientation): 이 도구가 나를 미래로 이끌어주는가, 아니면 현재에 안주하게 만드는가?

결국 가장 중요한 것은 기술 선택의 기준을 외부가 아닌 내부에서 찾는 것입니다. 남들이 쓴다고 따라 하거나, 광고가 현혹적이라고 혹하지 말고, 내 삶의 목표와 가치에 진정으로 도움이 되는지를 기준으로 판단해야 합니다. 최근 오디세이학교[31]에서의 강연 중에 이런 말을 한 적이 있습니다. "창밖을 보면

---

31 중3 학생들에게 학업과 입시 중심이 아닌 '자기 탐색과 삶의 방향 찾기'를 지원하는 1년제 대안 교육 프로그램

신기하고 눈길이 가는 것들이 수도 없이 많지만, 이는 말 그대로 창밖에 있는 것이다. 내 방 안에 무엇이 있고, 무엇을 준비해 밖으로 나갈지 생각해보자"고 말이죠.

매일 아침 이런 질문을 던져보세요.

- "오늘 내가 진짜 하고 싶은 일은 무엇인가?"
- "이 도구가 그 일에 정말 도움이 되는가?"
- "아니면 그저 바쁜 척하게 만드는 건 아닌가?"

스페인의 철학자 호세 오르테가 이 가세트(José Ortega y Gasset)는 이렇게 말했습니다. "문명의 진보는 우리가 생각 없이 할 수 있는 중요한 작업의 수가 늘어나는 것이다." 하지만 역설적으로, AI 시대에는 '생각 없이' 할 수 있는 일이 너무 많아져서, 오히려 '생각하며' 하는 일의 가치가 더욱 소중해졌습니다. [32]

블레즈 파스칼은 300년도 더 전에 이미 이런 통찰을 남겼습니다. "인간의 모든 불행은 조용히 방에 혼자 앉아 있지 못하는 데서 비롯된다."[33] 끊임없이 새로운 자극과 도구를 찾아 헤매는 대신, 가끔은 조용히 앉아서 내가 정말 원하는 것이 무엇인지 깊이 생각해보는 시간이 필요합니다.

기술은 계속 변할 것입니다. 지금 이 글을 쓰는 순간에도 어디선가 새로운

---

32 《대중의 반역》(역사비평사, 2005)
33 《팡세》(민음사, 2003)

AI 도구가 개발되고 있겠죠. 하지만 변하지 않는 것들이 있습니다. 좋은 질문을 던지는 능력, 명확하게 생각하는 능력, 복잡한 문제를 단순하게 정리하는 능력, 타인과 진정으로 소통하는 능력, 가치 있는 것과 그렇지 않은 것을 구분하는 안목, 이런 것들은 2천 년 전에도 중요했고, 지금도 중요하며, 앞으로도 계속 중요할 것입니다.

AI가 아무리 똑똑해져도, 당신의 삶을 대신 살아줄 수는 없습니다. 당신만의 가치관, 당신만의 꿈, 당신만의 사랑하는 사람들과의 관계. 이런 것들은 여전히 당신 것이고, 당신이 직접 가꿔나가야 할 영역입니다.

10년 후, 20년 후를 생각해봤을 때, 당신은 '내가 그때 어떤 도구를 썼는지'를 기억하고 싶으신가요? 아니면 '내가 어떤 가치를 추구하며 살았는지'를 기억하고 싶으신가요?

진정한 승자는 기술에 빠르게 적응하는 사람이 아니라, 기술의 본질을 이해하고 현명하게 활용하는 사람입니다. 이제부터라도 FOMO 마케팅의 달콤한 속삭임에서 벗어나, 흔들리지 않는 나만의 기준과 깊이를 가진 삶을 살아가시길 바랍니다.

당신의 삶을 진정한 가치로 채우는 것은, 결국 당신 자신이니까요.

핵심 요약

- **FOMO·희소성 마케팅 경계**
  '한정 특가', '놓치면 뒤처진다' 식의 FOMO·희소성 전략에 휘둘리지 말고, 진짜 필요성을 스스로 판단하라.

- **완벽한 프롬프트의 환상**
  광고처럼 1,000개 템플릿을 외우기보다 엉뚱한 프롬프트가 더 창의적 결과를 낼 수 있음. 정답은 공식이 아니라 맥락과 통찰이다.

- **AI 의존이 인지 퇴화로**
  AI에 지나친 의존은 비판적 사고를 저하시킨다. '생각의 외주화'에 대한 경계가 필요하다.

- **고전 지혜로 돌아가기**
  소크라테스의 '내가 모른다는 걸 안다'식 메타인지, 아리스토텔레스의 실용적 지혜를 AI 시대에도 적용해야 하며, 외부 자극 대신 내적 판단에 집중해야 한다.

- **도구보다 '사고방식과 워크플로'**
  도구는 언제든 바뀔 수 있지만, 구조적 사고, 가치 판단 능력, 메타인지는 시대를 관통하는 핵심 역량이다.

- **기술 활용을 위한 12가지 기준**
  핵심 가치 정렬, 제어 가능성, 지속 가능한 주의력 모델, 실제 문제 해결, 창작 활동 지원, 데이터 자산 형성, 학습 곡선의 적절성, 의존성 위험 평가, 비용 대비 효과, 네트워크 효과, 윤리적 기준, 미래 지향성

- **내적 기준 확립**
  매일 "내가 진짜 원하는 일은?", "이 도구가 도움이 되는가?"를 자문하고, 기술의 홍수 속에서 흔들리지 않는 내면의 나침반을 세우자.

질문들

1. FOMO vs. 진짜 필요
- 최근 내가 충동적으로 시도했다가 만족스럽지 못했던 AI 도구나 서비스는 무엇인가요? 그때 어떤 기준으로 필요성을 판단했는지 돌아보세요.

2. 메타인지 점검
- AI가 제안한 답변을 받아들일 때, 나의 '생각의 외주화' 경향은 얼마나 되나요? 3단계(질문·검토·재검토)로 나누어 점검해보세요.

3. 심층 작업 루틴
- 하루 2시간 이상 '알림 차단·깊이 몰입'할 수 있는 시간을 어떻게 확보할지 구체적인 일정(예: 매일 9~11시)을 작성해보세요.

4. 가치 기준 적용
- 앞에 제시된 12가지 기술 활용 기준 중 지금 당장 3가지를 선택해, 사용하는 도구·서비스에 어떻게 적용할지 계획해보세요.

5. 내적 나침반 만들기
- "10년 후, 나는 어떤 사람으로 기억되고 싶은가?"라는 질문에 대한 나만의 답을 한 문장으로 적어보세요.

"신기한 도구는 창문 밖에 있다. 그러나 진짜 중요한 것은 방 안에 있다."

에필로그

생각의 주인으로 살아가기
그리고 우리 앞의 미래

　이 책을 읽는 내내 당신은 아마도 몇 번씩 비슷한 메시지를 마주쳤을 겁니다. 'AI는 똑똑하다', '자동화는 이미 시작되었다', '미래는 빠르게 오고 있다'. 하지만 이 모든 기술적 화려함 뒤에 제가 진짜로 하고 싶었던 이야기는 딱 하나였습니다.

당신은 생각의 주인인가요, 아니면 위임자인가요

　요즘 우리는 생각조차 외주를 주는 세상에 살고 있습니다. 아침에 뉴스를 챙겨보는 대신 AI 요약을 읽고, 글을 쓰기보다 프롬프트 몇 줄로 생성 결과를 얻습니다. 검색은 이제 질문이 아니라 명령이 되었고, 독서는 추천 알고리즘이 추천해준 콘텐츠로 대체되었습니다. 편리하죠. 빠르기도 하고요.

　하지만 가만히 생각해보면, 어느 순간부터 생각하는 법을 잊어버리고 있는 건 아닐까요?

'좋은 질문' 대신 '그럴듯한 답변'에 안주하고, '내가 하고 싶은 말' 대신 '대신 써준 문장'에 만족하고, '내 기준' 대신 '남들이 많이 고른 것'을 선택합니다. 그렇게 하나둘 생각을 외주 주는 사이, 우리는 나만의 기준, 나만의 취향, 나만의 철학을 잃어가고 있습니다.

몇 년 전 저는 우연히 한국어로 번역된 《쿠란(Quran)》을 접하게 되었습니다. 성경의 구약과 신약, 잠언까지는 읽어봤지만, 쿠란은 말로만 들어봤지 실제로 펼쳐본 적은 없었기에 꽤 흥미로웠죠. 처음 몇 장은 익숙했습니다. 구약의 흐름과 닮아 있어 속도가 나왔거든요. 그런데 읽다 보니 무언가 이상했습니다. 등장인물의 이름이 뒤바뀌어 있거나, 발음 표기가 달라져 있던 거죠.

그래서 저는 이슬람 재단과 쿠란 편찬위원회에 메일을 보냈습니다. 물론 답장을 기대하진 않았습니다. 그저 독자로서의 소감을 담아 조심스럽게 전달했을 뿐이었죠. 그런데 놀랍게도 일주일 만에 답장이 왔습니다. 더 놀라운 건 그 인연이 이어져 지금은 샤리아(Sharia) 및 쿠란 전문가들과 함께 한국어 번역 작업에 동참하고 있다는 점입니다. 여전히 저는 무교이지만, 이런 경험 덕분에 새로운 세계가 열렸습니다.

사람들은 종종 제게 묻습니다. "어떻게 그렇게 다양한 걸 하세요?", "어떻게 그렇게 많은 걸 아세요?"라고요. 그런데 사실 저는 제 메신저와 SNS 상태 메시지를 수년째 이렇게 설정해두고 있습니다.

"당신이 기대하는 사람이 아닐 수 있습니다."

겸양의 표현도, 스스로를 낮추기 위함도 아닙니다. 진심으로 그렇게 생각하기 때문입니다. 제가 아는 것의 대부분은 사실 빌려왔습니다. 그저 책이나 인터넷, AI가 제시한 수많은 정보 중에서 저만의 기준으로 골라냈을 뿐이죠. 진짜 차이라면, 저는 지식이 필요할 때마다 실제로 그것을 경험한 사람에게 가거나, 직접 경험해본다는 것입니다.

생각해보세요. AI나 유튜브, 인터넷은 세상 모든 지식을 알려주는 것 같지만, 결국 그 안에 담긴 맥락까지 알려주진 못합니다. 우리는 이미 너무 편리한 시대에 살고 있습니다. 하워드 가드너(Howard Gardner) 교수는 이를 두고 "길을 잃어본 적 없는 세대"라고 표현했죠. 옛날에는 지도를 보며 길을 잃고 헤매다가 사람들에게 물어가며 목적지를 찾았습니다. 지금은 어떻습니까? UI/UX가 완벽하게 설계된 내비게이션이 목적지까지 곧장 안내해줍니다. 하지만 그렇게 길을 잃지 않는다는 것은 결국 우연히 얻을 수 있는 새로운 발견과 경험까지 놓치게 한다는 뜻입니다.

20대 시절 파리에서 길을 잃었을 때, 몽마르트르 언덕에서 물랭루주로 가는 길을 찾기 위해 어느 노부부에게 도움을 청했던 기억이 아직도 생생합니다. 그들은 단순히 길만 알려주지 않았습니다. 자신들의 단골 빵집과 미슐랭에도 없는 콩피(confit) 요리집까지 소개해주었죠. 그 빵과 요리의 맛은 지금도 잊을 수 없습니다.

이런 번거로움, 우연히 얻는 불편한 경험이 결국 우리를 더 깊고 풍성한 존재로 만들어준다고 믿습니다. 그래서 저는 여러분께 굳이 번거롭더라도 직접 경험해보시길 권합니다. 지식은 경험을 이길 수 없고, 경험은 지식만큼 자유롭지 않습니다. 우리가 진정으로 성장하려면 둘 다 필요합니다. 그리고 이를 찾겠다는 마음가짐이 무엇보다 중요합니다.

AI 시대에 우리는 너무 많은 것을 편하게 얻습니다. 하지만 진짜 삶의 본질은 여전히 '직접 살아보고 느끼는 경험'입니다. AI가 아무리 똑똑해져도,

내 눈으로 보고 내 귀로 듣고 내 마음으로 느낀 경험만큼 강렬한 학습은 없습니다.

물론 저는 AI를 부정하지 않습니다. 오히려 이 책 전체는 AI와 함께 살아가는 법, AI를 잘 활용하는 법에 대한 이야기였습니다. 다만 AI가 '도구'가 아니라 '판단의 주체'가 되는 순간, 우리는 기술의 진보가 아닌 판단력의 퇴화를 겪게 됩니다.

당신이 진짜로 키워야 할 것은, 기술이 아니라 사고의 힘입니다.

뉴스를 보면 인공지능에 관한 수많은 이야기가 매일같이 쏟아집니다. 이 책을 읽고 나서 제가 전달하고자 했던 메시지를 이해하셨다면, 이제는 그런 홍수 같은 정보 속에서 무엇이 진짜 중요한지를 분명하게 구분할 수 있을 겁니다.

'소버린 AI', '오픈소스 AI', '폐쇄형 AI' 같은 기술적 구분보다 훨씬 중요한 것은 사람들이 실제로 두려워하는 문제, 바로 '편향된 답변'입니다. 어떤 이들은 인공지능에게 독도를 물으면 '분쟁 지역'이라고 답할까 봐 걱정하고, 김치를 물으면 '중국의 전통 음식'이라고 주장할까 봐 우려합니다. 그런데 한 발짝만 물러서서 생각해보죠. AI가 그런 답변을 내놓는 이유는 결국 우리가 인터넷과 사회 곳곳에 흘려 놓은 정보의 조각들이 그렇게 구성되어 있기 때문입니다.

만약 이런 상황이 정말 싫다면, 우리가 해야 할 일은 명확합니다. 수동적으로 인공지능의 결과물만 받아보는 것이 아니라, 우리가 직접 좋은 데이터셋을 만들고, 원하는 정확한 정보를 확산시키며, 인공지능이 이를 제대로 학습할 수 있도록 체계적으로 접근하는 것입니다. '생각의 외주화'에 길들여져 편향된 결과물을 만들어내는 AI의 책임을 묻기 전에, 우리가 어떤 질문을 하고 어떤 데이터를 제공했는지를 먼저 고민해야 합니다.

결국 인공지능과의 진정한 협력은 기술 자체에 달려 있는 것이 아닙니다. 그것은 우리의 생각이 얼마나 명확하고 구조화되어 있는지, 우리가 스스로 판단할 줄 아는지, 그리고 우리가 어떤 세상을 만들어 가고 싶은지에 달려 있습니다. 기술의 발전은 멈추지 않을 것입니다. 하지만 그 기술을 올바르게 활용할지 말지는 전적으로 우리에게 달려 있습니다.

진짜 힘은 기술이 아니라, 그것을 현명하게 쓰는 우리의 생각에 있습니다. 기술을 다룰 줄 아는 사람이 아니라, 기술의 본질을 이해하고 활용할 줄 아는 사람이 이 시대의 진정한 주인이 될 것입니다.

정보를 수집하는 능력보다 정보를 구조화하는 능력. 도구를 빠르게 쓰는 능력보다 문제를 정의하는 능력. AI가 제안하는 수많은 선택지 속에서 나만의 기준으로 의미를 부여할 줄 아는 감각.

그것이 바로 이 시대에 진짜 필요한 힘입니다.

우리는 종종 착각합니다. '아는 것이 힘이다'라고요. 아니요, 이제는 '해석하는 것이 힘'입니다. 똑같은 정보를 보고도 어떤 사람은 기회를 보고, 어떤 사람은 두려움을 느끼죠. 왜일까요? 그들의 배경지식이나 실력 때문이 아니라 자기만의 생각의 틀, 즉 구조화된 관점이 있기 때문입니다.

결국 중요한 건 '누가 만들었느냐'가 아니라 '누가 이해했느냐'입니다.

이제 질문을 남기고 싶습니다.

AI가 점점 더 똑똑해지는 세상에서 당신은 얼마나 단단한 생각을 가지고 있나요? 세상이 무엇을 유행이라 말하든, 어떤 기술이 눈앞을 현혹하든, 당신은 여전히 자기만의 길을 선택할 수 있는 사람인가요?

그 질문에 "그렇다"고 대답할 수 있다면, 이 책은 당신에게 충분히 의미 있었으리라 믿습니다.

독자 여러분이 생각의 주인으로 살아가기를 바랍니다. 그게 바로 AI 시대에도 인간으로 살아남는 길이니까요.

진솔한 서평을 올려주세요!

이 책 또는 이미 읽은 제이펍의 책이 있다면, 장단점을 잘 보여주는 솔직한 서평을 올려주세요. 매월 최대 5건의 우수 서평을 선별하여 원하는 제이펍 도서를 1권씩 드립니다!

- **서평 이벤트 참여 방법**
  1. 제이펍 책을 읽고 자신의 블로그나 SNS, 각 인터넷 서점 리뷰란에 서평을 올린다.
  2. 서평이 작성된 URL과 함께 review@jpub.kr로 메일을 보내 응모한다.

- **서평 당선자 발표**

  매월 첫째 주 제이펍 홈페이지(www.jpub.kr)에 공지하고, 해당 당선자에게는 메일로 연락을 드립니다.

  단, 서평단에 선정되어 작성한 서평은 응모 대상에서 제외합니다.

독자 여러분의 응원과 채찍질을 받아 더 나은 책을 만들 수 있도록 도와주시기를 바랍니다.

찾아보기

숫자
12가지 기준   219

A
AI wrap   73
AJI (artificial jagged intelligence)   75
AlphaFold   111
AlphaTensor   113
Andrej Karpathy   11, 12
Anthropic   124

B
Bard   74

C
Carl Jung   145
Charles Taylor   145
Claude   20
cognitive debt   46
cognitive load theory   96
computational irreducibility   68
CoT (chain-of-thoughts)   101
Cursor   20

D
Demis Hassabis   63
Devin   15

F
FOMO (fear of missing out)   211

G
Gamma   20
Gemini   31
GenSpark   20
Gestell   13
GitHub Copilot   14, 133
Google DeepMind   110
GPT   57
GPU   199
GWT   188

H
hallucination   41, 69, 120
Hans Moravec   88
human-in-the-loop   136

I
IIT   186

J
Jensen Huang   87
Jerry Uelsmann   52
John Searle   58
John Sweller   96

K
Karl Marx   84

L
Langton's ant   67, 68

liquid modernity 143
LLM 12
Luddite movement 23, 86
Ludwig Wittgenstein 154

M
Margaret Boden 64
Martin Heidegger 13, 154
MDA 프레임워크 36
MECE 99
Meta 134
multimodal 159
MVP 54

N
Niklas Luhmann 162

P
PARA 166
Paul-Michel Foucault 142
Phaedrus 29, 162

R
RAG (retrieval-augmented generation) 122
Red Flag Act 86

S
scarcity effect 212
self-consistency 102, 103
Steven Pinker 89
structuring 92
Sundar Pichai 72, 218
superintelligence 59

T
ToT (tree of thoughts) 102

U
Ubiquitous 30

V
vanity metrics 75
vibe coding 11
Volker Strassen 114

Z
Zettelkasten 162
Zygmunt Bauman 143

ㄱ
감각질 185
감마 20
검색증강생성(RAG) 122
게으른 완벽주의 50
계산 불가약성 68
구글 딥마인드 110
구조화 92, 104
글로벌 작업공간 이론 188
깃허브 코파일럿 14, 133

ㄴ
뇌전도 45
니클라스 루만 162

ㄷ
닭아세움 13
대규모 언어 모델 12
데미스 허사비스 63

데빈 15
두 번째 뇌 164

ㄹ
랭턴의 개미 67, 68
러다이트 운동 23, 86
레버리지 79
루트비히 비트겐슈타인 154
린 50

ㅁ
마거릿 보든 64
마르틴 하이데거 13, 154
멀티모달 159
메타 134
메타인지 214
모라벡의 역설 88
미셸 푸코 142

ㅂ
바드 74
바이브 코딩 11
뱀 기름 19
변혁적 창의성 64
브레인스토밍 102
비즈니스 문제 해결 106
비판적 사고 120

ㅅ
사고의 연쇄(CoT) 101
생각의 나무(ToT) 102
생각의 설계도 47, 92, 176
소프트웨어 1.0 130

소프트웨어 2.0 130
소프트웨어 3.0 130
소피스트 31
순다르 피체이 72, 218
스타트업 플레이북 75
스티븐 핑커 89
시스템 프롬프트 21
실전 프롬프트 템플릿 99

ㅇ
안드레이 카파시 11, 12
알파텐서 113
알파폴드 111
암묵지 202, 204
애자일 50
액체 근대 143
앤트로픽 124
워크플로 176
유비쿼터스 30
인공 툴니 지능(AJI) 75
인지부하이론 96
인지적 부채 46

ㅈ
자기 일관성 102, 103
적기조례 86
제리 율스먼 52
제미나이 31
제텔카스텐 162
젠스파크 20
젠슨 황 87
조합적 창의성 64

존 설 58
존 스웰러 96
중국어 방 58
지그문트 바우만 143

ㅊ

찰스 테일러 145
챗 57
철학적 좀비 186
초지능 59
최소 기능 제품 54
취향 자본 146

ㅋ

카를 마르크스 84
카를 융 145
캐서린 존슨 85
커서 20
클로드 20

ㅌ

탐험적 창의성 64
통합정보이론 186
튜링 테스트 57

ㅍ

파이드로스 29, 162
폴커 스트라센 114
프롬프트 엔지니어링 15

ㅎ

한스 모라벡 88
허영심 지표 75
환각 41, 69, 120

휴먼인더루프 136
희소성 효과 212